ASIEN

Kulinarische Streifzüge

Rita Henss
Kristiane Müller-Urban

ASIEN
Kulinarische Streifzüge

Mit 100 Rezepten,
exklusiv fotografiert
von Wolfgang und Christel Feiler

SIGLOCH
Edition

INHALT

ASIEN: HARMONIE DER GEGENSÄTZE

Zu Bild auf S.2:
*Auf dem größten Konti-
nent der Erde mit Aber-
millionen Menschen ist
Reis in praktisch allen
Ländern das wichtigste
Grundnahrungsmittel.
Wo es die Natur zulässt,
wird er angebaut, bei-
spielsweise in den küsten-
nahen Regionen der über
weite Flächen gebirgigen
Koreanischen Halbinsel.*

Asien, der größte Kontinent unserer Erde, fasziniert immer wieder durch seine Exotik und Vielfalt. Dutzende von Völkern und Kulturen, Hunderte von Stämmen und ethnischen Gruppierungen leben in seinen Grenzen. In ihren Kochtöpfen spiegelt sich ihr Glaube, die Natur, in der sie leben – und ihre Geschichte. Zitronengras, Koriander, Kokosmilch, Ingwer, Bohnensprossen, Reispapier, Austern-, Fisch- und Sojasauce – Europa hat sich seit langem auf den Geschmack von Asien-Liebhabern eingestellt. Spezialläden, Märkte, die Lebensmittelabteilungen großer Kaufhäuser liefern die Zutaten für herrliche Kreationen, die in den meisten Fällen auch noch gesund und kalorienarm sind. Dank modernster Transport- und Kühltechnik ist die Frische der Produkte in der Regel kein Problem, vieles wird täglich eingeflogen. Anderes bauen Landwirte inzwischen auch in unseren Breitengraden an – nicht nur kulinarisch eine Bereicherung, sondern sicher auch ein wichtiger Beitrag zur Völkerverständigung. Die Frühlingsrolle, der Mongolentopf, das sauer eingelegte Gemüse, die gefüllten Teigtaschen, die scharfen Suppen und die unzähligen Reisgerichte: sie alle erzählen uns eine Geschichte, sind köstliche Botschafter der Fremde.

Durch sie erfahren wir von den Lebensumständen des fernen Volkes, von seiner Phantasie, seinen Sitten, seinen Leidenschaften. Wir lernen das Unbekannte nicht nur mit dem Auge, sondern mit der Zunge, dem Gaumen, der Nase kennen. Wir reisen essend, genießend über Tausende von Kilometern und zuweilen Tausende von Jahren zurück. Denn die asiatische Küche hat eine lange Tradition. Bereits um 6000 v. Chr., als die Menschen in Europa sich noch von dem ernährten, was ihnen das Jagen und Sammeln bescherten, dampften in Vorderasien Körnerbrei und Gemüse in den Töpfen. Außerdem gehörten Tiere wie Rind, Schaf, Ziege und Esel zum Hausbestand, lieferten Fleisch und Milch. Tropisches und subtropisches Klima ließen überdies Pflanzen gedeihen, die findige Köpfe bald ebenfalls für ihren Alltag nutzten: Kräuter, Gewürze, Früchte. Wer Wasser in seiner Nähe hatte, zog auch aus ihm den höchstmöglichen Nutzen: Alles, was dort lebte oder wuchs, wurde auf seine Eignung als Nahrung geprüft und wanderte in

den Magen. So entwickelte sich die asiatische Küche sowohl aus der Fülle wie aus dem Mangel – und gebar eine überraschende Harmonie der Gegensätze.
Auch in Asien brachten fremde Herrscher fremde Aromen und fremde Sitten. Daher umfassen die Speisezettel neben Sushi und Satay, Curry und Chop Suey auch Paella und Kartoffeleintöpfe. Freilich wurden alle Einflüsse stets den heimatlichen Gegebenheiten angepasst. Das Ergebnis finden Sie in diesem Buch. Es repräsentiert die asiatische Alltagsküche ebenso wie kulinarische Festtagstraditionen, erzählt von ihren historischen Hintergründen ebenso wie von ihren sozialen.

Liebe Leserinnen, liebe Leser!
Die Rezepte nachzukochen macht keine Mühe, die meisten Originalzutaten sind inzwischen auch bei uns leicht erhältlich – oder lassen sich durch ähnliche problemlos ersetzen. Viel Spaß also bei der kulinarischen Asienreise, viel Freude beim Kochen und Probieren.

Kristiane Müller-Urban
und Rita Henss

Macao oder Macau, chinesisch Aomen, war über 450 Jahre eine portugiesische Kolonie an der Südküste Südchinas. Der Pou-Tai-Un-Tempel steht für Tradition, die Hochhäuser deuten auf Wirtschaftskraft, die auch nach Macaos Rückgabe an China Ende 1999 von der Nähe Hongkongs profitiert.

JAPAN

Geisha, Gesellschafterin unter anderem für Teezeremonien, ist ein alter japanischer Ausbildungsberuf. Wo sie wirkt, da herrscht Etikette.

Auf dem Tokyoter Tsukikji-Markt indes geht es laut und rau zu, auf dem größten Fischmarkt der Welt. Mehr als 1500 Händlerstände reihen sich aneinander, annähernd 3 000 Tonnen Meeresgetier werden täglich von 5 Uhr morgens an versteigert. Wem es nichts ausmacht, schon in aller Herrgottsfrühe rohen Fisch zu essen, kann an einem der zahlreichen Stände die frischesten Sushi der ganzen Stadt genießen.

Faszinierend und kontrastreich ist das Land der aufgehenden Sonne: Hektische, hoch technisierte Ballungszentren paaren sich mit Orten klösterlich-meditativer Stille. Dramatisch rauchende Vulkane und Geysire wechseln ab mit lieblichen Kulturlandschaften. Traditionelle Bauerngehöfte, neonbeflaggte Wolkenkratzer, filigrane Tempel, zerklüftete Gebirgszüge und idyllische Küstenstreifen fügen sich zu einem eindrucksvollen Muster voller ästhetischem Reiz.
Wabi und *sabi*, Schlichtheit und Eleganz, gelten als Grundprinzipien der japanischen Kultur – auch bei den Speisen. Japans Küche ist ausgewogen, leicht bekömmlich, dazu ein wahrer Augenschmaus und gemäß der modernen Ernährungslehre sehr gesund.
Sie schöpft aus dem Wenigen, was Land und Wasser des Inselreiches ursprünglich bargen: Reis, regionales Gemüse, Algen, Seetang und Meeresgetier. Fett und Fleisch kommen traditionell kaum zum Einsatz. Frische und Hochwertigkeit der Zutaten spielen die wichtigste Rolle, daher verwendet man vorzugsweise lokale und saisonale Produkte. Gewürzt werden japanische Speisen nur verhalten, ihr Eigen-

geschmack soll gewahrt bleiben. Es gibt freilich regionale Unterschiede. So ist zum Beispiel die Tokioter Küche eher kräftig, jene Kyotos eher fein.

Imbisskästchen und Ringer-Suppe

Die Palette der Gerichte ist umfangreich und viele Restaurants haben sich spezialisiert. Da sind zunächst die Imbissecken der Kaufhäuser und die Snackbuden an der Straße (*yatai*). Dann kommen die *ko-shokujo-dokoro*, in denen es meist nur drei, vier Tische gibt und ebenso wenige Gerichte. In den *kyôdo-ryôri* kann man die typischen Köstlichkeiten einer Region kosten: in Tôhoku zum Beispiel Süßkartoffeln, in Kantô Wildschwein und Pferd, Chûbu ist für Forelle bekannt, Chûngoku für Austern, Kini für Ente und Makrelen. Die Nase leitet vielerorts im Lande zu den kleinen *yaki-tori-ya*, wo über dem Holzkohlegrill schaschlikartige Spießchen mit Fisch, Fleisch (oft Huhn und dessen Innereien), Paprika, Gingko-Nüssen, Pilzen oder Wachteleiern brutzeln. Vor dem Essen taucht man sie in eine süße Sojasauce – deren genaue Rezeptur Wirt oder Wirtin streng hüten. Außer diesen Grill-Stuben

gibt es Eintopflokale, wo man sogar jene nahrhafte Brühe kosten kann, mit der sich die Suomi-Ringer ernähren. *Shojin-Ryôri* servieren ausschließlich buddhistisch-vegetarische Kost, in den gemütlichen *kappô* sind in der Regel Meisterköche am Werk, die alle Feinheiten der japanischen Küche beherrschen. Ganz an der Spitze der Liste stehen die Haute-Cuisine-Restaurants, die *kaiseki-ryôtei*. Ihre Küche ist stärker als alle anderen von der Philosophie des Zen beeinflusst, sie bedient sich normalerweise möglichst nur natürlich gewachsener Zutaten (anstatt gezüchteter) und setzt auf die

Raffinesse des Einfachen. Das gilt auch für das Ambiente. Traditionelle kaiseki-ryôtei sind in der Regel gestaltet wie elegante traditionelle Wohnhäuser, umgeben von einem schönen Garten – und es herrscht in ihnen eine besondere Etikette.

Eine inzwischen auch bei uns beliebte japanische Spezialität ist tempura, die indes auf portugiesische Missionare zurückgeht (Rezept S. 66): mit einem von guten Köchen besonders fein hergestellten Teig ummantelte, in Öl ausgebackene Meeresfrüchte und Gemüsestückchen, noch brutzelnd auf einem mit Reispapier belegten Bambusrost serviert.

Selbst in einer modernen Metropole wie Tokyo stehen solche Anwesen: Die tragende Konstruktion aus Holz gewährleistet weitgehenden Schutz gegen Erdbeben, die wie überall am Rand des Pazifik häufig und heftig ausfallen können. Zudem ist das Drumherum überaus harmonisch gestaltet.

Grün sind unmittelbar bei und nach der Ernte alle Teeblätter. In Japan gewinnt man danach vor allem Grünen Tee, anderswo wird die Rohware für den weltweit häufiger getrunkenen Schwarzen Tee veredelt.
Tee wird in Japan übrigens stets pur genossen – nie mit Milch, Zucker oder Zitrone, auch wenn er manchem etwas bitter erscheint. Noch ein kleiner Hinweis zur Etikette: Die Teeschale sollte immer mit der freien Hand unten abgestützt werden.

Der Tee und sein Weg

Rituell ist der Umgang mit Tee. Im 12. Jahrhundert von Zen-Mönchen als Medizin aus China eingeführt, avancierte er bald zu einer tragenden Säule der japanischen Kultur. Es entwickelte sich ein ganz eigener Stil für die Zusammenkünfte, bei denen man die grünen, pulverisierten, aufgebrühten und schaumig geschlagenen Blattspitzen (matcha) genoss. Herr *Sen-no-Rikyu* perfektionierte ihn rund 400 Jahre später und legte damit die bis heute gültige, klassisch-strenge Form des *chado* (wörtlich: Weg des Tees), also des Werdegangs aus der Dose in die Schale, fest. Reinheit, Harmonie, Achtung und Stille, so der legendäre Teemeister, gelten als Grundprinzipien einer Teezeremonie. Nicht von ungefähr entspricht dies auch den Basiselementen der traditionellen japanischen Haute Cuisine. Denn eigentlich geht dem chado ein aüßerst erlesenes kaiseki-Mahl voraus. Jedes Ding, jede Geste ist von Bedeutung, kein Detail zufällig. Geschirr, Ambiente, Körperhaltung – ja sogar der Inhalt der Gespräche, die Form des Teeberges in der Dose folgen einem strikten Reglement.

Und die Qualität der Zutaten muss stimmen: die Maserung der Holzkohle, die Güte des Tees selbst und des Wassers. Das beste Nass soll übrigens aus der Gegend von Hyôgo bei Kobe und aus Fushimi bei Kyôto stammen; die Hauptanbaugebiete von Tee liegen ebenfalls unweit von Kyôto, bei Uji, sowie bei Shimizu, hinter dem Fuji-San. Auch außerhalb einer Teezeremonie spielt der *cha* im japanischen Alltag eine wichtige Rolle. Er neutralisiert den Geschmack, erfrischt und stillt den Durst. Sowohl zu Hause als auch im Lokal erhält ihn der Gast gleich zur Begrüßung. Dann wird immer wieder nachgeschenkt; die letzte Schale begleitet den Aufbruch. In Restaurants ist der Tee stets im Service inbegriffen.

Flüssiges aus Reis

Obwohl viel Bier und Whisky getrunken wird und das einstige Arme-Leute-Getränk Schnaps (*shôchû*), aus dem in einer Art Rumtopf-Manier auch der süßsaure Pflaumenwein (*umeshu*) hergestellt wird, einen Aufstieg erlebt hat, rangiert unter den alkoholischen Getränken Reiswein (sake) noch immer weit oben auf der Beliebtheitsskala.

Die Herstellung des aus Reis, gemalzter Reishefe und Wasser fermentierten Getränks dauert annähernd zwei Monate. Sie war ursprünglich auf den Winter beschränkt. Dank moderner Kühlmethoden wird sake inzwischen aber das ganze Jahr über gebraut. Das Rezept, so die Legende, verrieten den Japanern die Götter bereits lange vor Christi Geburt.

Insgesamt kennt man rund 4000 sake-Sorten. Besonders begehrt sind jene aus den kleinen Landbrauereien. Grob unterscheidet man drei Geschmacksrichtungen: süß (*ama-kuchi*), mittel (*chuo-kuchi*) und trocken (*kara-kuchi*).

Jede von ihnen lässt sich zudem in drei Klassen unterteilen: spezial (*tok-kyû*), erste Klasse (*ik-kyû*) und zweite Klasse (*ni-kyû*), abhängig vor allem vom Alkoholgrad. Sake schmeckt am besten jung; er wird kalt, aber auch warm bzw. heiß getrunken. Meist nur zum Kochen verwenden Japaner indes *mirin,* einen recht süßen Reiswein. Lediglich zum Jahreswechsel serviert man ihn – verdünnt mit sake und angereichert mit Gewürzen – auch als Getränk. Diese Mischung (*o-toso*) steht im Ruf, böse Geister fernhalten zu können.

Wir wissen nicht, was diese Frauen in einem Park in Yokohama alles zum Picknick mitgebracht haben. – Die Schuhe auszuziehen, entspricht aber ganz einem weit verbreiteten Brauch, dem zu folgen nicht nur in Japan westlichen Gästen geraten wird.

KOREA

Der ältere Mann in Tracht aus der Kosong-Region in Südkorea mag für eine von vielen Traditionen im dicht bevölkerten Südkorea stehen.

Ein wenig verwirrend ist es schon, dieses Land der Morgenröte. Nicht nur wegen der schwarzen, munter krabbelnden Käfer in den Körben der Marktfrauen im Süden. Der in graues Schottenkaro gewandeten, kichernden Teenies mit Papierschirmchen als Sonnenschutz. Dem eleganten, weiß behandschuhten Hobbymaler vor einem der vielen Paläste von Seoul. Den rot illuminierten Stierköpfen an manchen Fassaden. Oder der jungen Kellnerin, die rohes Rindfleisch mit der Schere zerschnipselt. Nein, auch Geschichte und Natur lassen Gefühle und Gedanken strudeln.

Bizarres Gebirgsland

Die Wurzeln des koreanischen Volkes liegen in Liaoshi, der Mandschurei, und anderen Gebieten Nordostasiens. Ethnisch gehören die Koreaner zur mongolischen Rasse, haben sich aber zu einem stark homogenen Volk mit eigener Sprache, Kultur und eigenen Bräuchen entwickelt. Ihr fruchtbares Land am östlichen Ende des asiatischen Kontinents ist seit 1950 zweigeteilt in den kommunistischen Norden und die – etwa der doppelten Fläche der Schweiz entsprechende –

Republik Korea im Süden, jenseits des 38. Breitengrades. Zum koreanischen Staatsgebiet zählen zahllose kleinere und größere Inseln. Im Kernland ziehen sich längs der gesamten Ostküste teils bizarr gefaltete Granit- und Kalksteingebirge, die oft steil in die Japan-See abfallen. Gut zwei Drittel der koreanischen Halbinsel sind gebirgig, mit Gipfeln bis knapp 2 000 m. Im Süden und Westen verlaufen die Hänge sanfter zum Meer hin. In den Küstenebenen dort werden der meiste Reis und andere Nahrungsmittel angebaut. Deagu südlich Seoul ist für seine süßsaftigen Äpfel bekannt, Kumsan bildet das Herz des Ginseng-Anbaugebietes. Vielerorts wird gezielt gefeiert: So singt etwa Kyongju, die alte, von der UNESCO zum Weltkulturerbe erklärte Hauptstadt des Shilla-Reiches, jedes Frühjahr ein fröhliches Loblieb auf die traditionellen Liköre und Reiskuchen des Landes. Auch beim herbstlichen Jagalchi-Festival von Pusan geht es – abgesehen von dem berühmten Aalrennen, wo statt eines Staffelstabes zwischen den Mannschaften ein Exemplar des glitschigen, langen Fisches weitergereicht wird – vornehmlich ums Essen.

Von Kraut, Würzpaste und Reiskuchen

Wie nun ist die Küche Koreas? Würzig und scharf vor allem, mit hohem Nährwert, trotzdem kalorienarm, da sie u. a. aus vielen verschiedenen – mitunter fermentierten – Gemüsearten besteht. Knoblauch, Schalotten und Ingwer verleihen ihr pikante Aromen, hinzu kommen jene von Sesam und Soja. In keinem koreanischen Haushalt dürfen *toenjang* und *koch'ujang* fehlen: Pasten aus Sojabohnen bzw. roten Pfefferschoten, heute meist Fertigprodukte, früher selbst hergestellt und in irdenen Töpfen aufbewahrt.

In bauchige Tongefäße legten Hausfrauen und Köche im Winter auch ihr Gemüse ein. Landesweit prägte sich für diese Vorratsbereitung der Begriff *kimjang* – von *kimchi*, den wie Sauerkraut eingelegten Vitaminlieferanten (Rezept S. 72). Neben gegrillten und gebratenen-kui-Gerichten wie Pulgogi oder Kalbit (Rezept S. 76) kennt die koreanische Küche noch Suppen (*kuk, tang*), die eigentlich bei keinem Mahl fehlen dürfen, das ebenso unverzichtbare Gemüse (*namul*) und gekochten Reis (*pap*) dazu Pfannen- (*chon*) und Topf- bzw. Dämpfgerichte (*tchigae, chon-gol*), Gesottenes (*tchim, chorim*) sowie rohes oder einge

Der Sonnusa-Tempel mit den glänzenden Buddha-Figuren steht in der Gegend von Kyongju (oder Cheongju), der alten Hauptstadt des Silla- (oder Shilla-)Reiches. Dieses erreichte im 8. Jahrhundert seine künstlerische Blüte.

Nahezu komplett versammelt sind all diese Köstlichkeiten beim Kimchi-Festival, das jedes Jahr im Oktober in Kwangju ausgerichtet wird. In Seminaren, Ausstellungen, durch Probieren und in Zubereitungskursen können die Besucher in der „Stadt der Lichter und der Künste", in deren Umgebung, an den Hängen des Mount Meduungsan, auch riesige Wassermelonen gedeihen und ausgedehnte Teeplantagen liegen, alles über das traditionelle Wintergemüse lernen.

salzenes Meeresgetier bzw. Fisch (*hoe, chotkal*). Außerdem gibt es das *chuk*, eine porridgeartige Mischung aus Erdnüssen, roten Bohnen, Kürbis, Abalone, Ginseng, Huhn, Gemüse, Sojasprossen u. v. a. m.

Bestimmte Anlässe bedingen – wie fast überall in Asien – spezielle Gerichte. Doch der traditionelle Reiskuchen (*ttok*) gehört immer dazu, ob beim Umzug, zu Neujahr, Hochzeit, Geburtstag, Erntedank oder Ahnengedenken. Besonders beliebt ist die Variante mit roten Bohnen (*p'at-shiruttok*): Bohnenrot, so heißt es, wehre böse Geister und Unglück ab.

Tisch- und Trinksitten

Das koreanische Essen wird traditionell nicht in verschiedenen Gängen serviert, sondern alles kommt gleichzeitig auf den Tisch: *hanjongshik*. Es gibt auch keine festgelegte Reihenfolge, man folgt dem persönlichen Geschmack. In der Mitte des Tisches sind verschiedenen „Gemeinschaftsgerichte" – in Stahl- oder Keramikschüsseln – arrangiert. Links von jedem Esser werden die individuellen Elemente des Mahles angeordnet: Reis, Suppe und die dazugehörigen Stäbchen (aus Metall oder Holz) bzw. ein Löffel.

Koreaner essen Reis und Suppe mit dem Löffel, die Beilagen mit Stäbchen. Löffel oder Stäbchen sollte man übrigens niemals im Reis stecken lassen – das ist eine symbolische Handlung, die dem Ahnenkult vorbehalten ist. Messer werden nur in der Küche zur Vorbereitung des Essens verwendet. Das Essen ist vorgeschnitten oder größere Stücke werden abgebissen bzw. mit den Stäbchen

zerteilt. Vom Gast wird nicht
erwartet, dass er alles aufisst.
Auch die Koreaner trinken reichlich Tee, sei er nun heiß oder
kalt, grün, aus Ingwer oder aus
gerösteter Gerste. Alternativen
sind die *hwach'ae*. Sie basieren
meist auf Früchten oder Saaten,
werden mit Honig oder Zucker
gesüßt und manchmal mit omija,
der Frucht des Fünf-Aromen-Bau-
mes gefärbt. Zur Dekoration lässt

man mitunter Blütenblätter auf
ihnen schwimmen.
Wird etwas anderes wie Likör
und Wein getrunken gibt es
ebenfalls wichtige Regeln: Koreaner leeren ihr Glas meist nicht
selbst, sondern bieten es einer
Person aus der Runde an. Bekommt man ein leeres Glas hin-
gehalten, so lässt man es füllen,
trinkt es aus und gibt es wieder
zurück an jene Person.

*Ein tiefer Einblick ins alte
Korea: In der Region von
Taejon / Daejeon, einer
Mittelgebirgslandschaft,
steht die fünfstöckige
Pagode des Popchusa-
Tempels. Er wurde in der
Zeit des Koryo-Reiches
errichtet, das dem Silla-
Reich folgte.*

CHINA MIT HONGKONG, TAIWAN UND MACAO

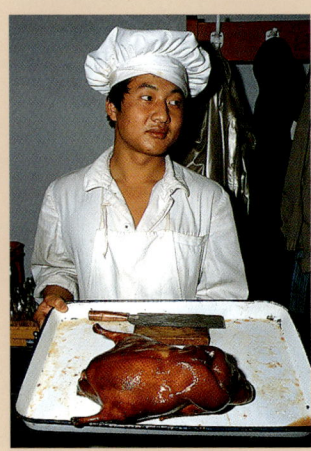

Die berühmte Peking-Ente wird durch ein kleines Loch am Hals „aufge-pumpt", mit einer speziellen Marinade u. a. aus Honig, Essig und Sternanis bepinselt und danach bei extrem hoher Temperatur in einem Spezialofen kross gegart. Die knackig-braune Haut gilt als das Beste – man tunkt sie stückchen-weise, mit Frühlingszwie-beln in einen Fladen gewickelt, in Pflaumen- bzw. Bohnensauce.

Fast 10 Mio. qkm beträgt die Landesfläche Chinas. Das Tibetische Hochland gehört eben-so dazu wie die Ausläufer der Wüste Gobi und die flachen Ebenen des Jangtsekiang. Ent-sprechend breit gefächert ist die Klimapalette – und mit ihr der Ertrag der Böden. Er wiederum bestimmt die Nahrungsgewohn-heiten der Menschen. Demzu-folge haben sich zahlreiche – von den Hofköchen durch immer neue Kreationen noch angerei-cherte – Regionalküchen ent-wickelt. Grob kann man sie in die vier Himmelsrichtungen unterteilen.

Allen gemeinsam ist die Philoso-phie des Yin und Yang, also des ergänzenden Ausgleichs. Aro-men, Farben und Textur sollen ihr zufolge eine ausbalancierte Mischung ergeben. So können sich die vier Grundgeschmacks-richtungen süß, sauer, bitter, sal-zig in einem einzigen Gericht fin-den. Reis und/oder Weizenpro-dukte bilden überall die sättigende Basis. Fleisch, Fisch und Gemüse werden nur sparsam benutzt. Bei den (Würz-)Saucen gilt seit alters: Je weniger von ihnen zur Verfügung steht, umso geschmacksintensiver müssen sie gestaltet sein. Soja-, Austern- und Hoisin-Sauce sind das Ergebnis dieser Überlegung.

Ebenfalls ein Resultat des Man-gels – an Brennstoff, bedingt durch Naturkatastrophen oder schlicht durch Armut – ist die landesweit verbreitete Schnell-kochmethode im Wok. In kleine Stückchen geschnitten, kann man das Kochgut in der gewölbten Eisenpfanne rasch heiß und scharf anbraten, die hohe Wand ermöglicht sanftes Nachgaren. Ein großes, ständiges Feuer ist nicht nötig, das spart Holz bzw. Holzkohle.

Mongolische Wärme

In Nordchina mit den Provinzen Shantung und Honan basiert der kulinarische Alltag vornehmlich auf Weizenprodukten. Ob Nudeln (*mientiao*), Fladen (*paoping*), Dämpfbrötchen (*mantou*) oder Teigtaschen (z. B. *chiaotzu*) – alles wird aus dem Mehl des blonden Korns zubereitet und meist von stark gewürzten Sau-cen begleitet. Doch auch Sesam, Paksoi, Pfirsiche und Trauben gedeihen in der an die Mongolei grenzenden Halbwüstenregion. Aber nicht nur Fleisch wie beim *huo-kuo* oder beim *Mongolian Barbecue* steht in Nordchina auf dem Speisezettel: Der Gelbe

Fluss (*Huan He*) liefert frische Süßwasserfische und an der Küste wird häufig Meeresgetier aufgetischt.

Im Norden Chinas liegt auch die Landeshauptstadt Bejing – Herkunftsort der berühmten Peking-Ente.

Würzige Eleganz

Ostchina ist der Obst- und Gemüsegarten des Landes. Im fruchtbaren Jangtse-Delta wachsen neben Reis und Weizen auch Kartoffeln, Mais und Sojabohnen. Zudem gibt es ausgedehnte Erdnusskulturen, Tee- und Tabakplantagen, man baut großflächig Baumwolle an und züchtet Seidenraupen.

Fluss und Küsten sorgen auch hier für eine reiche Auswahl an Fisch und Meeresfrüchten. Viele Bauern halten Schweine, deren Fleisch für die verschiedensten Gerichte verwendet wird. Variantenreich ist auch das Nudelangebot. Außerdem sind die Ostchinesen berühmt für ihre gedämpften Klöße. Die Würzpalette ist breit gefächert; bei den Saucen dominieren braune.

Shanghai nimmt nicht nur in Bezug auf Alltagsrhythmus und Architektur eine Sonderstellung ein. Die boomende Hafenstadt assimilierte im Laufe der Jahrhunderte auch kulinarisch Elemente aus der ganzen Welt.

Zu den bedeutendsten Kulturdenkmälern der Welt gehört die Chinesische oder Große Mauer. Nicht überall ist das während vieler Jahrhunderte errichtete und über 6 200 km lange Befestigungsbauwerk so gut erhalten und erreichbar wie nahe Chinas Hauptstadt Peking/Beijing.

China beansprucht neben Italien das „Patent" auf die Erfindung der Nudeln. Ganz gleich wer nun Recht hat – wir genießen gern solch frische Teigge- bilde wie hier aus der Hand eines Herstellers in Shanghai.

Ihre Küche zeichnet sich aus durch Üppigkeit und Eleganz; sie verwendet neben den traditionel- len Landeszutaten u. a. Milch, Quark und Butter. Eines der typi- schen Shanghai-Gerichte ist das süßsaure Schweinefleisch; als Spezialität gelten auch die mit Krebsfleisch gefüllten Teig- taschen.

Einflüsse aus ganz China prägen den Speisezettel südlich des Jangtse. Verantwortlich dafür zeichnet vermutlich die einstige politische Bedeutung dieses Gebietes, denn es umfasst die früheren Hauptstädte Nanking (heute: Nanjing) und Hangzhou. Letztere bezeichnete Marco Polo als schönste Stadt der Welt. In ihrem milden Klima gedeihen neben Reis und Tee auch Maul- beerbäume; Teeblätter werden oft zum Aromatisieren von Spei- sen verwendet.

Das Tor zur Welt

Von den südchinesischen Regio- nalküchen die berühmteste ist sicherlich die kantonesische. Kanton gilt seit alters als „Chinas Tor zur Welt". Die ersten Aus- wanderer machten sich von der Stadt an der Perlflussmündung auf nach Amerika und Europa; Fremde kamen im Gegenzug

übers Meer und brachten ihre Einflüsse mit. Jahrhundertelang war die Metropole der Provinz Guangdong der einzige Hafen des Landes, den europäische Schiffe anlaufen durften. Entsprechend ihrer Offenheit zeichnet sie sich aus durch quirlige Lebensfreude und eine raffinierte, phantasie- volle Küche.

Immer wieder heißt es, die Kan- tonesen äßen außer Flugzeugen alles, was fliege, und alles, was vier Beine habe, außer Tischen und Stühlen. Fast scheint es, als bewahrheite sich der Segen, den die Götter der Stadt einst in Gestalt von fünf Ziegen brachten, die jeweils eine Garbe mit fünf Ähren im Maule trugen, „auf dass die Bewohner der weiten Ebene (so die wörtliche Überset- zung von *Guangzhou*) nie mehr Hunger zu leiden hätten". Denn auch das Meer zeigt sich vor der südchinesischen Küste äußerst großzügig an Fisch und Krusten- tieren: angefangen bei Krabben und Garnelen über Abalone- Muscheln bis hin zu Tiefseeau- stern und Hummer (klassisch zubereitet mit Ingwer). Dieser Reichtum fand auch in der Küche des nahe gelegenen Hongkong Eingang – ebenso natürlich wie Britisches.

In Guangdong wächst das ganze Jahr über frisches Gemüse, das meist knackig im Wok gebraten wird. Subtropische Täler ganz im Süden und an der Südostküste liefern Zitrusfrüchte für schmackhafte süßsaure Gerichte auf der Basis von Fisch oder Geflügel- und Fischgerichte. Hier gedeihen auch Litschi, Mango, Bananen, Kaffee, Öl- und Kokospalmen sowie Zuckerrohr. An den Hängen des südchinesischen Berglandes liegen kilometerlange künstlich bewässerte Nassreisfelder. In der Südprovinz Guizhou baut man viel Sorghum an, aus ihm wird auch der bekannte Schnaps *maotai* (auch: *moutai*) gewonnen.

Bilder aus der südwestlichen Provinz Guangxi sind berühmt auf der ganzen Welt, von der Landschaft um Guilin. Aromatische Zimtbäume gehören ebenfalls zum Bild von Guangxi, das zu einem Zentrum für Heilkräuter und Parfümessenzen avancierte.

Der gute Scharfe von Szechuan

Westchina steht geographisch für die unbezwingbare Takla-Makan-Wüste und das „Dach der Welt". Kulinarisch verbindet sich mit diesem riesigen Landesteil vor allem intensives Würzen bzw. Schärfe. Der Szechuan-Pfeffer – kein echter Pfeffer, sondern Produkt des Gelbholzbaumes.

Die große Hafenstadt Shanghai weist zahllose Hochhäuser auf – Ausdruck der boomenden Wirtschaft und der Weltoffenheit, mit der die Metropole anderen Städten im Reich der Mitte lange vorauseilte.

Qigong ist als eine Form vorbeugender chinesischer Medizin weit verbreitet: Langsame, harmonische Bewegungen und richtige Atemführung werden alltäglich geübt und halten die Menschen oder machen sie wieder gesund. Viele westliche „Langnasen" könnten sich von der Geschmeidigkeit dieses Mannes in Shanghai manche Scheibe abschneiden.

Zudem prägen frische Chilischoten – in der Regel scharfe Sorten – viele Gerichte in der fruchtbaren, von Bergketten gesäumten Region. Gleiches gilt für Zwiebeln und andere scharfe Gemüse. So ist Szechuan oder Sichuan außer für seine Pfefferschoten auch für scharf gewürzte Pickles bekannt und eine der Spezialitäten Yunnans ist Räucherschinken. Auf dem ca. 2 000 m hohen Yunnan-Guizhou-Plateau, wo noch ein winziger Teil Regenwald existiert, baut man das ganze Jahr über Weizen, Zuckerrohr, Ölsaat (Mohn), Tee und Tabak an.

In Yunnan kreuzen sich seit alters die Handelswege zwischen China, Laos, Vietnam und Burma (*Myanmar*). Zu den bekanntesten zählt die Seidenstraße nördlich des trockengelegten Tarim-Flusses.

Kulturell wie ökonomisch war die Region bis zum Mongolensturm eher an den südlichen Nachbarn orientiert. Deren Einfluss wurde jedoch durch die Besiedlungspolitik der Ming-Dynastie buchstäblich zur Randerscheinung. Das Provinzmuseum von Kunming, der Hauptstadt Yunnans, dokumentiert die wechselvolle Geschichte der einstigen Vielvölkerregion.

Höflich den Gaumen benetzen

Tee kennt man in China schon seit dem 6. Jahrhundert. Inzwischen ist er längst das meistverbreitete Getränk zwischen den Höhen des Pamirgebirges und der Halbinsel Shandong. Es heißt, Tee, Brennstoff, Reis, Öl, Sojasauce und Essig dürfen in keinem chinesischen Haushalt fehlen. Tee anzubieten gehört zum Höflichkeitskodex, dem selbst die Ärmsten folgen: Sie offerieren einem Gast zumindest „weißen Tee", also heißes Wasser, wenn keine grünen oder schwarzen Teeblätter im Hause sind. Getrunken wird Tee in China nicht zum, sondern vor oder nach dem Essen. Eine Ausnahme von dieser Regel machen nur einige Gegenden im Süden. Der Grund ist einleuchtend: Im Essen ist Öl und das mindert den Geschmack des Tees.

Unter den alkoholischen „Wässerchen" steht der Reiswein an erster Stelle. Anders als der japanische sake hat der chinesische Reiswein eine leicht goldene Farbe – vor allem wenn er lange gelagert wurde. Daher trägt er auch den Beinahmen „gelber Wein". Reiswein wird in der Regel nur zum Essen getrunken. Getränke, die aus einem anderen

Korn hergestellt sind, zu sich zu nehmen, wenn Reis verzehrt wird, schließt sich jedoch aus, d. h. es gilt als religiöses Vergehen. – Unüblich ist es auch, alleine zu trinken. Man bringt vielmehr einen Toast auf den Gastgeber aus, leert dann die Schale auf einmal und dreht sie um. Neben dem Reiswein kennt China auch Branntweine, die man aus Fruchtsäften destilliert. Mitunter werden sie künstlich gefärbt. Das berühmteste dieser Destillate ist der Pflaumenwein, es gibt außerdem Orangen-, Quitten- und Birnenwein. Darüber hinaus wird aber auch echter Wein aus Trauben herge-

stellt. Schon Marco Polo berichtete einst von großen Rebplantagen in China.

Chinesische Tischsitten

Individuelle Teller oder Schalen kennt man in China traditionell nicht. Daher werden beim Essen – zumindest in der Familie – alle Speisen auf den Tisch gestellt und ein jeder bedient sich ihrer mit Hilfe seiner Stäbchen. Einen besonderen Happen herauszupicken und ihn einer anderen Person zu reichen, gilt als Zeichen großer Ehrerbietung. Was die Menge anbelangt, so rechnet man meist pro Esser ein Gericht, manche Köche und Köchinnen

99 Jahre hatte Hongkong – heute Xianggang – den Status einer britischen Kronkolonie, erstreckt über viele Inseln und ein Stück Festland. Eine Art kulturelles Disneyland stellt der Unterhaltungspark Middle Kingdom dar. In ihm leitet ein Lehrpfad zu Zeugen von 13 chinesischen Dynastien und vermittelt damit Hongkongs Geschichte.

Die vom Li-Fluss durchzogene bizarre Karsthügellandschaft um Guilin / Yangshou in Südchina inspirierte Generationen chinesischer Maler und zieht Touristen an. An den Li-Ufern weiden Wasserbüffel und aus den mächtig dort aufragenden Bambusrohren binden die Fischer sich Flöße zusammen, von denen sie nachts, im Schein der Laternen, ihre Kormorane auf Beutezug schicken.

kalkulieren auch eines oder zwei in „Reserve". Vielfalt und Harmonie sind die Grundsätze eines jeden chinesischen Mahles. Die Speisen sind häufig sehr schön dekoriert mit Radieschen- oder Gurkenfächern, Karottenblumen oder Tomatenrosen.

TAIWAN

Terrassenbucht bedeutet übersetzt der Name Taiwan. Bis weit ins 20. Jahrhundert hinein kannte man die Insel in Europa allerdings eher unter dem ihr von begeisterten portugiesischen See-

fahrern verliehenen Namen Formosa. Und verband kulinarisch mit ihr wohl lediglich eine bestimmte Spargelsorte. Tatsächlich besitzt Taiwan – das offiziell noch immer Republik China heißt, im Unterschied zur Volksrepublik China auf dem Festland, und insgesamt 64 Inseln umfasst – keine eigene Küche, sondern adaptierte vorwiegend jene des südchinesischen Festlandes.
Der Süden Taiwans ist Früchteparadies: Bananen, Papaya, Ananas, Melonen, süße Mango, Pflaumen, Kokusnüsse, Litschi und Longan gedeihen prächtig. Meist verkaufen sie die Bauern direkt am Rand der Überlandstraßen.
Um die gefüllten Bambusblätter von Tainan rankt sich übrigens eine hübsche Legende. Sie spielt im Jahre 277 v. Chr. und im Mittelpunkt steht der Nationaldichter Ch'u Yuan. Er war beim Drachenbootrennen – das bis heute alljährlich im Juni ausgetragen wird – ins Wasser gefallen und drohte zu ertrinken. Da alle Rettungsversuche misslangen, versuchte die Bevölkerung, zumindest die Fische von dem Poeten fernzuhalten – und warf ihnen zur Ablenkung reisgefüllte Bambusblätter hin.

Am Hsiukuluan-Fluss siedelten, so heißt es, die ersten Menschen eines der malaiischen Ureinwohnerstämme: die Ami. Bis heute sind ihr Ernte- und ihr Fischerfest eindrucksvolle Ereignisse. Eher ruhig und bescheiden geht es hingegen in Hualien zu. In dem Örtchen an der schwach besiedelten Ostküste bieten Händler die direkt über ihren Köpfen am Straßenrand wachsenden Nüsse der Betelpalmen an. An der meist sandigen, von Lagunen durchzogenen Küste zur Taiwanstraße schließlich kann man zahlreiche Fischteiche entdecken, deren Bewohner täglich das Marktangebot der Insel bereichern.

Die Märkte vor allem abseits der industriellen Zentren und in Orten wie Tainan, Peikang oder Lukang spiegeln in ihrer Farbenpracht noch das China vergangener Zeiten. Lukang war im 18. und 19. Jahrhundert einer der wichtigsten Handelshäfen der Insel; heute kann man hier in Meeresfrüchten jedweder Art und Zubereitung schwelgen.

MACAO

„Klein-Portugal in Fernost" nannte man lange Zeit die ehemalige Sonderverwaltungsregion, die seit Dezember 1999 wieder zu China gehört. Kein Wunder, dass beide Landesküchen hier vertreten sind und mitunter eine herrliche Verschmelzung erlangten. Neben den Elementen portugiesischer – wie Stockfisch, Milchpudding, Käse und Eiertörtchen sowie frisch gebrühtem, starken kleinen Kaffee, der *bica* – und asiatischer Kochkunst, vor allem jener des benachbarten Kanton, spielen in der traditionellen macaensischen Küche lateinamerikanische, afrikanische, indische und malaiische Einflüsse eine wichtige Rolle.

Weit verbreitet sind kleine Restaurants, die zur Mittagszeit *dim sum* servieren; oft zu Dutzenden stapeln sich die Bambuskästchen, in denen sie gedämpft und serviert werden, gleich neben dem Koch im Fenster. Und statt einer Speisekarte trägt die Bedienung ein Tablett mit der Tagesspezialität herum. Oftmals begleitet auch fröhliches Vogelgezwitscher das Mahl – denn die Macaenser tragen ihre gefiederten Glücksbringer nicht nur morgens in aller Herrgottsfrühe schon zum Luft schnappen in einen der herrlichen Parks und Gärten, sondern stellen sich den Käfig durchaus auch neben den Teller.

Erinnern wir uns: Reis gedeiht nur dort, wo es warm genug ist und den Pflanzen das nötige Wasser besorgt werden kann. Im Süden Chinas um Kanton ist das der Fall; anderswo in China und Asien jedoch ersetzen Weizen, Hirse und Mais mit allen ihren Produkten den Reis.

Diese Frau gehört dem Ifugao-Volk an, das auf der philippinischen Hauptstadt-Insel Luzon für die überaus kunstvollen Reisterrassen mit gesorgt hat (s. S. 27).

Nicht nur auf den berühmten Reisterrassen von Banaue, auch auf den Schwemmlandflächen der Central Plaines zwischen Manila und dem Golf von Lingayen, in den Nordwestprovinzen der Ilocandia sowie auf vielen anderen Eilanden des philippinischen Archipels wird Reis angebaut. Vor Mais und der Kokospalme – die neben Fett und Milch auch Wein (*tuba*) und Schnaps (*lambanong*) liefert – ist er die Nutzpflanze Nummer eins des Landes. Im International Rice Research Institut (IRRI) in der Thermalquellen-Region bei Los Baños züchten Agrarwissenschaftler immer neue Sorten des weißen Korns.

Einziges „Besteck" der Filipinos war übrigens ursprünglich ihre rechte Hand. *Kamayan* nennt sich diese Art zu essen – und so heißen auch die traditionellen Restaurants, in denen sie noch gepflegt wird.

Pili-Nuss kontra Bicol-Express

Außer Reis, aus dem man wie überall in Asien auch Wein gewinnt (*tapuy*), gedeiht auf den fruchtbaren Lavaböden des philippinischen Archipels eine Fülle weiterer Nahrungspflanzen. Zuckerrohr gehört dazu, aus dem zum Beispiel in Naguilian der rötliche Wein basi vergoren wird, der als Basis dient für Rum. Ursprünglich war Negros, die viertgrößte Insel der Philippinen, das Zentrum der Zuckerrohrindustrie. Inzwischen kultiviert man dort Obst- und Nussbäume und züchtet Garnelen. Noch immer arbeiten eine Reihe von Zuckermühlen (z. B. bei Victorias), in denen man nach vorheriger Anmeldung auch bei der Verarbeitung des Rohrs zuschauen kann. Und im Zuckermuseum von Bacolod, der größten Stadt des Eilands, sind die historischen Anfänge anschaulich dokumentiert. Zurück zur Hauptstadtinsel: An einer bestimmten Stelle ihrer Ostküste – bei Bauang – muss man nicht lange raten, welches Agrarerzeugnis hier das wichtigste ist. Der Name der Stadt verrät es bereits: Knoblauch bedeutet er. Baguio, die auf 1 500 m Höhe gelegene „Stadt der Pinien" ist berühmt für ihre gesunden Hochlandprodukte: Gemüse, Erdbeeren (auch in Form von Erdbeerwein) und Honig. Auf dem City Market entlang der Magsay Avenue ist alles erntefrisch zu kaufen. Etwas weiter nördlich, im Tal um La Trinidad, liegt das Hauptanbaugebiet von Lauch, Frühlings-

zwiebeln, Salat und Brokkoli. In Südluzon – Bicolandia lautet eine andere Bezeichnung für die Region – sind die länglichen Pili-Nüsse zu Hause. Nicht nur in der Stadt Pili selbst isst man sie, mit braunem Zucker karamellisiert, gern als „Gegenmittel" zum scharfen *bicol express*, der regionalen Spezialität aus feurig gewürztem, in Kokosmilch gegartem Schweinefleisch.

Spanien lässt grüßen

Nicht zu übersehen ist der Einfluss einer fast 350 Jahre währenden spanischen Kolonialherrschaft. Sie brachten den Filipinos den *arroz à la paella* und

pochero, einen Eintopf mit Gemüse, Kartoffeln und Rindermarkknochen. Lechon, knusprig gebratenes Spanferkel mit einer Sauce aus Schweineleber, dürfte ebenfalls iberischen Ursprungs sein. Auch die anderen Innereien des Tieren werden übrigens dazugereicht – entweder gebraten oder gekocht. In Manila gibt es sogar einen Spanferkelmarkt, den Laloma-Lechon, in der Nähe des Chinesischen Friedhofs. Dutzende von Schweinchen brutzeln hier über dem Holzkohlefeuer. Von den Spaniern übernommen wurden auch die *merienda*, eine Art Jause, und die Sitte, Kaffee zu trinken. Bis heute spielt er im

Die Philippinen umfassen über 7 000 Inseln, davon sind aber nur etwa 20 Prozent bewohnt. Kein Wunder also, wenn Kinder quasi im Wasser aufwachsen. Das Meer am Rande des Pazifik ist knapp nördlich des Äquators ja warm genug.

Reisterrassen bei Batad auf Luzon. Ihr Pendant bei Banaue gehört sogar seit 1995 zu den von der UNESCO ausgewiesenen Kulturerbestätten der Welt. Aneinander gereiht würden die „Stufen zum Himmel", wie die Einheimischen ihre von hohen Stein- oder Lehmwällen geschützten, auf bis zu 1 500 m Höhe reichenden Treppenfelder nennen, fast den halben Erdball umspannen. Vermutlich bereits vor 2 000 Jahren wurden die oft als das achte Weltwunder gepriesenen Terrassen von den Ahnen des Ifugao- und des Bontoc-Volkes auf der nördlichsten der 900 bewohnten Inseln der Philippinen, an den Ausläufern der Kordilleren-Hänge, angelegt.

Alltag eine weitaus größere Rolle als Tee – allerdings oft aus dem Pulverglas. Manche Marktstände und gute Restaurants servieren aber auch einen Aufguss aus echten einheimischen Kaffeebohnen.

Rohe Makrele und Schokokugeln

Bereits lange, bevor die Spanier das Land betraten, trieb man in Cebu City allerdings schon Handel mit Chinesen, die vor allem für die Südseeperlen in die Sulu-See segelten, mit Arabern und Siamesen.

Natürlich glitzert hier – wie in fast allen Küstenorten – auch Fisch in allen Größen und Arten: *lapu lapu* (aus der Barsch-Familie), Thunfisch oder *tanguinge* (spanische Makrele). Letztere bereitet man gern als *kinilaw* zu, d. h. in kleinen rohen Stückchen, die in Gewürzen und Limonensaft mariniert werden. Meeresfrüchte werden ebenfalls angeboten, sind aber teure Delikatessen. Eine andere Spezialität aus dem Reich der Flossenträger ist gegrillter Milchfisch (*bangus*). Auf den Philippinen lebt auch der kleinste Speisefisch der Welt , der Sinarapan (auch *tabius* genannt). Er wird nur knapp 1 cm lang. Inzwischen ist er jedoch geschützt,

aber unweit vom Lake Buhi, in Südluzon, kann man ihn im Aquarium von Buhi bestaunen. Ein Kuriosum betrifft die Insel Bolo. Sie ist nicht nur bekannt für ihr *kalamay*, eine Süßspeise aus Reis, Kokosnussmilch und Zucker. Sondern auch für Schokoladenkugeln – eine Reminiszenz der einheimischen Hausfrauen an

die Chocolate Hills. 1268 rundliche Erdbuckel im Inselinneren sind die eigentliche Attraktion der Insel. Um ihr Entstehen ranken sich viele hübsche Legenden. So weiß der Volksmund von versteinerten Tränen eines Riesen zu erzählen oder von den Wurfgeschossen zweier verfeindeter Giganten.

Solch poetische Geschichten kursieren in Mindanaos Hauptstadt Davao nicht. Aber weil sie „höllisch stinkt und nicht himmlisch schmeckt" und damit eine ganz besondere Stellung unter den Früchten einnimmt, ließ man der stacheligen *Durian* gebührende Ehre angedeihen: in Gestalt eines Denkmals vor der City Hall.

INDONESIEN

Worauf diese Frau am Vulkan Bromo auf Java genau wartet, entzieht sich unserer Kenntnis. Sie gehört zu einem der 350 Völker, die sich auf die über 13 500 Inseln Indonesiens verteilen.

Tanah air kita nennen die Indonesier ihre Heimat – unser Land und Wasser. Tatsächlich umfasst der Staat beiderseits des Äquators mehr als 13 500 Inseln und ist damit der größte Archipel der Welt: mit Regenwald, Savanne – und zum Teil schneebedeckten Vulkangebirgen. Von Menschenhand geschaffen sind Reisfelder und -terrassen, Kautschukpflanzungen, Ölpalmen-, Kaffee-, Tee- und Gewürzplantagen. Seine Gewürzpflanzen machten Indonesien im 16. Jahrhundert zum begehrten Ziel europäischer Expeditionen. Vor allem die Molukken, Heimat von Muskatnuss und Nelke, lockten westliche Käufer und Händler. Als Erste errichteten die Portugiesen Handelsstützpunkte auf den „Gewürzinseln", später machten ihnen die Holländer das Monopol streitig. Auch auf Sumatra ließen sie sich nieder und wandelten weite Teile der Urwaldwildnis um zu Anbauflächen für die rund ums Mittelmeer bestens abzusetzenden Genuss- und Würzprodukte. Meist von Java aus wurden sie in die Alte Welt verschifft. Bis heute betören die javanischen Märkte – ebenso wie jene auf Bali – mit einer Vielfalt von Aromen.

Sambalscharfes an der Straße

Essen ist eine der großen Leidenschaften der Indonesier, quasi rund um die Uhr. Ob im Park, am Rand der Dorfstraße, innerhalb der Märkte oder auf den Gehsteigen der Hauptverkehrsadern – überall trifft man daher auf die *warungs*, mobile kleine Essstände unter freiem Himmel, meist spezialisiert auf ein oder zwei Gerichte, die vor den Augen der Kundschaft frisch zubereitet werden. So duftet es bei dem einen nach Satéspießchen (Rezept S. 108), die über dem Holzkohlefeuer brutzeln und mit einer pikanten Erdnusssauce (*saus kacang*) gereicht werden. Bei dem nächsten gibt es bakso, eine würzige Suppe mit Gemüse, Fleischbällchen und Nudeln. Beim dritten steht man Schlange nach frischem *lele*-Fisch, scharf gebraten in Kokosöl und begleitet von der beliebten Chilipaste *sambal*.

Eine Art größerer *warung* mit festem Standort sind die *rumah makan*. Hier sitzt man oft direkt vor der Kochstelle an einer schmalen Theke, hinter deren Glasvitrine die Zutaten lagern oder ein, zwei Gerichte ausgestellt sind. Eine besonders schöne Speiseatmosphäre bieten die

traditionellen *lesehan*. Dort lässt man sich auf Matten auf dem Boden nieder. An den Geschäftsstraßen der Städte existieren eine Reihe solcher Restaurants, mitunter auch etwas außerhalb – und sogar als schwimmende Variante.

Viele Inseln, viele Speisen

Immerhin mehr als 350 verschiedene Ethnien, die in ebenso vielen Sprachen kommunizieren, leben auf dem Staatsgebiet. Alle haben sie ihre Spezialitäten. Und die Küche Westsumatras beschert dem Gaumen aufgrund ihres verschwenderischen Umgangs mit Chili oft regelrechte Flächenbrände. Dennoch sollte man sich den

Besuch in einem padang-Restaurant keinesfalls entgehen lassen. Man wählt hier übrigens kein einzelnes Gericht, sondern bedient sich an der auf dem Tisch stehenden Speisenauswahl.

Soja als Eiweißlieferant

Ein Gemisch aus gekochtem Reis, Kartoffeln und Kohl trägt den Namen gado-gado (Rezept S. 108). Wie bei vielen anderen Reisgerichten auch wird dazu der aus Sojamehl gepresste tahu (Tofu) serviert. Gemeinsam mit *tempe* (ebenfalls aus Soja) sorgt er für zusätzliche Eiweißportionen. Denn Fleisch verwendet die indonesische Küche selten.

Entsprechend den vielen Ethnien ist das Angebot an Antikem, was bevorzugt Touristen erwerben sollen: gesehen auf dem Markt Solo in Surakarta, mitten auf der Insel Java.

Das tropische Klima Indonesiens macht durstig. Für frisches kühles Wasser zu Hause gibt es eigens hergestellte Keramikbehälter. Für die Arbeit draußen bringt diese javanische Bäuerin einen Wasserkessel und Essen mit aufs Feld.

Jenes vom Schwein ist für die meisten Bewohner des Archipels aus religiösen Gründen tabu – 90 Prozent bekennen sich zum Islam, jenes vom Rind ist teuer. Bleibt ein wenig Ziege (*kambing*), Hund – vor allem die Batak auf Sumatra verwenden ihn – und natürlich Geflügel, allem voran Huhn (*ayam*). Auch Taube wird mitunter serviert, zum Beispiel in Chilisauce.

Gegen Durst und Beschwerden

Aufgrund seiner fruchtbaren Lavaböden sind weite Teile Indonesiens auch ein wahres Früchteparadies. Neben exotischen Gewächsen wie der Königs- und der Goldbanane (*pisang raja*, *pisang mas*) oder salak, der Schlangenhautfrucht, sind sogar so gute Bekannte wie Äpfel zu finden. Die Sorte Malang, die um die gleichnamige javanische Stadt gedeiht, erfreut sich größter Beliebtheit.

Gekühltes Wasser spielt eine wichtige Rolle im Kampf gegen den Durst. Daher fehlt in keinem traditionellen Haushalt der *kendi*, ein Keramikbehälter.

Die natürlichen Schätze, mit denen die Indonesier ihre Speisen anreichern, verwenden sie seit alters auch für ihr körperli-

ches Wohlbefinden. Jamu nennen sich die Gewürz-Mixturen, die sowohl zum Heilen als auch zur Schönheitspflege eingesetzt werden. Traditionell werden sie allmorgendlich an den Haustüren feilgeboten. Und wer kennt nicht den Duft der Kretek-Zigaretten? Ihr Knistern, das ihnen den Namen verlieh, stammt von den Gewürznelken, die dem Tabak beigemischt sind.

Göttergabe Zwiebeln

Auf Ostjava kann man ein besonderes Spektakel erleben – und zwar immer dann, wenn die Tenggeresen ihr Kesada-Fest feiern. Das im Tenggermassiv auf Java beheimatete hinduistische Volk gedenkt damit seiner mythischen Ureltern, Roro Anteng und Joko Seger. Die Tenggeresen pilgern dabei hinauf auf den Gipfel des Bromo, um dort lebende Hühner und Gemüse, aber auch Blumen und Geld als Opfergaben für die Götter in den Krater zu werfen. Dabei ficht es sie nicht an, dass ärmere Mitmenschen sich unterhalb des Vulkanrandes postieren und die Spenden auffangen. Ähnliches gilt für Bali, wo die Götter ebenfalls mit Nahrungsmitteln geehrt werden. Die feinsten Speisen sind ihren Festen vorbehalten.

Das große Staatsgebiet Indonesiens umfasst viel fruchtbares Land, das allerdings wie hier vor der Kulisse des Vulkans Merapi auf Java immer wieder von akuten Ausbrüchen bedroht werden kann. Bereits die Kolonialmächte Portugal, danach die Niederlande legten Plantagen an, in denen Gewürze, Kautschuk und Ölpalmen gezogen wurden.

MALAYSIA UND SINGAPUR

Sarawak ist ein Teil des Staates Malaysia, auf der großen Insel Borneo gelegen. Das größte Gebiet davon gehört zu Indonesien, und als kleiner, aber schwerreicher Ölstaat behauptet sich noch Brunei am Rand des Südchinesischen Meers. – Malaysia wird oft als „Asien im Kleinen" bezeichnet. Es bietet verschiedenen Religionen Platz, auch diesem Schamanen.

Malaysia, so heißt es immer wieder, sei Asien im Kleinformat. Tatsächlich birgt das geografisch bizarre Land der inneren Tropen etwa auf der Fläche Deutschlands eine Fülle von Völkern und Kulturen. Ein Teil mit der Hauptstadt Kuala Lumpur und zahlreichen vorgelagerten Inseln „hängt" am Südzipfel Thailands, der zweite erstreckt sich an der Nordostküste Borneos. – Die ethnische Vielfalt fällt ins Auge: Die meisten Menschen gehören zu den „Söhnen der Erde" (*bumiputeras*), also zu den Malaien. Dann kommen die Malaysier chinesischer und schließlich jene indischer Abstammung. Maurische Minarette finden sich neben Pagodendächern und dörflichen hölzernen Stelzenhäuser.
Entsprechend bunt ist die Küche des Landes, eine gelungene Mischung aus der Kochkunst der nördlichen und der südlichen Nachbarn, also der Thailänder und der Indonesier. Auch die Inder trugen einige Elemente bei. Ergebnis: kein Schweinefleisch – Malaien sind gläubige Muslime –, dafür Hammel und Fisch, bevorzugt im Ganzen gegrillt oder gebraten sowie eine würzige Zubereitung mit Chili und schwe-

ren Kokosmilchsaucen. Wichtige Zutaten der malaischen Küche sind Koriander, Zimt und Zitronengras, hinzu kommen Tamarindenextrakt, Pandanuss, Limonenblätter und Ingwer.

Hühnerspieß trifft Fischwurst

Als populärstes Gericht gelten *satays*, kleine, in Kokosmilch marinierte Fleischspieße vom Huhn oder Rind, die über dem Holzkohlefeuer gegrillt und von einer würzigen Erdnusssauce begleitet werden. Ob in Kuala Lumpur, zu Füßen der berühmten Petronas Twin Towers, in Penang (dem ehemaligen Georgetown) oder in der Zinnmetropole Ipoh – überall stehen kleine Essensstände (food stalls), wo die leckeren Spitze brutzeln.
Wo Fisch gefangen wird – und damit fast überall in Malaysia – gibt es *laksa*: eine eingedickte Fischsuppe mit leicht süß-säuerlichem Geschmack. Man serviert sie mit Reisnudeln, Gemüse (z. B. Gurken, Zwiebeln) und Krabben (Rezept S. 120) – wahlweise auch scharf gewürzt (*curry laksa*). Das beste laksa soll es in Kuala Perlis geben, dem im Delta des Perlis-Flusses gelegenen kleinen Hafen, von dem die Fähren ablegen zur Insel Langkawi sowie nach

Phuket. Und gegenüber in Me-rang, wird Gästen zur Begrüßung ein Stückchen Fischwurst (*keropok lekor*) mit Chili-Tunke serviert.

Nie genug da: Reis und Tee

Angebaut wird Tee auf Malaysia erst seit knapp hundert Jahren. Und zwar in den Cameron High-lands, inmitten des tropischen Regenwaldes. Sie sind das ausge-dehnteste von allen Bergländern Malaysias. Da in ihrem milden, regenreichen Klima auch Obst und Gemüse prächtig gedeihen, nennt man den Landstrich im Norden von Kuala Lumpur die „grüne Schüssel" Malaysias.

Seine Produkte gehen in alle Lan-desteile und bis nach Singapur. Einzig der Tee wird nicht expor-tiert – er reicht, genau wie der Reis, noch nicht einmal aus für den eigenen Bedarf.

Das Bundesland Kedah, in der nordwestlichen Ecke der Halbin-sel von Malaysia gelegen, und das im Norden angrenzende Perlis stehen traditionell im Rufe, Malaysias „Reisschüssel" zu sein. Hier konzentriert sich der Anbau des weißen Korns, das die Land-schaft je nach Jahreszeit in den zarten Grüntönen der jungen Reispflanzen leuchten lässt oder sie in das satte Gold der Erntesai-son taucht.

Alle großen asiatischen Religionen sind in Malay-sia zu finden, auch die hinduistische, hier von einem Priester auf der Insel Penang vertreten.

Noch einmal ein Eindruck aus dem an natürlichen Schätzen reichen Sarawak. Dieser Mann beherrscht die alte Jagdmethode mit dem Blasrohr.

Wo der Pfeffer wächst

Falls Ihnen irgendwo der Duft von gebratenem Huhn in die Nase zieht: Sicherlich haben die Köche ihm reichlich Pfeffer unter die Flügel gerieben, schließlich ist Malaysia ja auch ein Land, wo der Pfeffer wächst – wenngleich nach wie vor Tropenhölzer, Rohkautschuk und Palmöl die wichtigsten Ausfuhrprodukte sind. In Sarawak auf Borneo liegen die großen Pfefferplantagen. Schon an der Straße von Kuching nach Serian kann man einige der ausgedehnten Pflanzungen sehen und das Gewürz direkt beim Erzeuger kaufen.

Sarawak ist von der Fläche her das größte Bundesland Malaysias – und eine Region reicher, natürlicher Ressourcen. Neben Pfeffer wachsen hier unter anderem Kakao und Ölpalmen.

Als das eigentliche Zentrum der Ölpalme wird jedoch Johor gesehen, ganz im Süden. Kilometerweit dehnen sich die Pflanzungen. Auf jener von Ulu Tiram zeigt man dem Besucher sogar den gesamten Weg der Produktion, vom Setzen der Bäume über die Ernte bis hin zur ersten Vorverarbeitung der Früchte. Außer Ölpalmen werden in Johor auch großflächig Ananas kultiviert.

Singapur – Schmelztiegel der Kulturen

Unglaublich, aber wahr: das wuselige, heute von Hochhäusern geprägte Singapur, war ursprünglich bedeckt von dichtem tropischen Dschungel. Noch Anfang des 19. Jahrhunderts säumten Mangrovenwälder die sumpfigen Ufer der Insel.

Wie die blütenreichen Gärten und Parks sorgen die Naturreservate für üppiges Grün und herrliche Farbtupfer in dem modernen Stadtstaat aus Beton und Glas. Landwirtschaftliche Nutzflächen indes sucht man in Singapur vergebens – wo auch, bei einer Fläche von knapp 20 mal 40 Kilometer (Hauptinsel), auf der sich pro Quadratkilometer 4 400 Menschen drängen? Fast alles was die rund 3 Mio. Chinesen, 550 000 Malaien und 300 000 Inder, die in Singapur leben, an Grundnahrungsmitteln, Gemüse, Obst, Fleisch brauchen, wird eingeführt – sogar das Wasser. Es kommt per Pipeline aus Malaysia. Die übrigen Produkte landen vorwiegend im Hafen an, einem der größten und technisch hochgerüstetsten der Welt. Oder werden eingeflogen. Der Flughafen Changi zählt zu den modernsten seiner Art. Einiges kommt auch auf

der Straße und auf dem Schienenweg über die Dammbrücke zu Malaysia.

Singapur ist ein Schmelztiegel, Muslime, Hindus und Buddhisten leben nebeneinander. Jede Kultur bewahrte ihre Traditionen, in der Kleidung wie in der Ernährung und in der Architektur. Zwischen den Wolkenkratzern ducken sich die Tempel der verschiedenen Religionen, auf der Straße sieht man Saris leuchten und begegnet immer wieder malaiischen Männern – und kleinen Jungen, die stolz ihre schiffchenförmige Kopfbedeckung tragen.

Neben den drei „Grundküchen" gibt es in Singapur noch eine Vielzahl weiterer Möglichkeiten, seinen Hunger zu stillen: mit thailändischer, koreanischer, indonesischer, japanischer – und sogar mit arabischer Kost. Selbst Europäisches – vom Hamburger über die Pizza bis hin zur Haute Cuisine française – wird angeboten.

Typisch für das Eiland dürfte indes die Nonya-Küche sein. Sie entwickelte sich aus der Symbiose von chinesischer und malaiischer Kost. Nonya heißen die Nachfahren chinesischer Händler, die sich in Malaysia niederließen und dort heirateten.

Malaysia weist noch einige Flächen mit ursprünglichem Regenwald auf, wie hier im Maliau-Becken. Sogar im Stadtstaat Singapur wurden kleine Reste dieses für die Tropen so typischen Urwalds unter Schutz gestellt.

VIETNAM UND KAMBODSCHA

Dem historischen Kern von Hanoi verordneten die Franzosen übrigens aus hygienischen Gründen Ende des 19. Jahrhunderts eine geschlossene Halle für den Nahrungsmittelmarkt, die sich heute zu einem modernen Betonklotz gewandelt hat. Aber die Gassen mit den alten Produkt- und Handwerksnamen existieren noch immer – die Ölgasse oder die Bambusgasse – und Marktstände und Garküchen drängen sich auf den Gehsteigen, mit Leintüchern vor der Sonne geschützt. An jeder Ecke dampfen große Töpfe mit Nudelsuppe, es riecht nach Fisch und tropischem Gemüse.

Art-déco-Villen und Pagoden-architektur, spitze Palmwedelhüte und runde Basketballmützen, uralte Holzkähne und chromblitzende Hondaroller – Vietnam eint Ost und West, Hektik und Ruhe, Fortschritt und Tradition. Fremde Herrscher bestimmten immer wieder über das heute rund 77 Millionen Menschen zählende Volk, das überwiegend vom Reisexport lebt. Den prägendsten Eindruck hinterließen die Franzosen. Sie lenkten fast ein ganzes Jahrhundert die Geschicke des Landes, das sich in der Form einer leicht verbogenen Stangenwaage mit zwei Körben bzw. Schalen von den Subtropen des nördlichen Wendekreises über den Wolkenpass bis in die inneren Tropen zieht.

Vietnams Küche, wie wir sie heute kennen, ist daher eine zuweilen recht fremdartig wirkende Kombination asiatischer und französischer Koch-Traditionen. Asiatisch sind unter anderem die große Bedeutung, die Reis und Gemüse beigemessen wird, sowie die Angewohnheit, Speisen in mundgerechten Stücken zuzubereiten. Dementsprechend werden zum Essen generell Stäbchen verwendet.

Französisch ist dagegen die Grundlage vietnamesischer Suppen – eigentlich eine Consommée. Entgegen der europäischen Tradition werden ihr jedoch oft Nudeln beigegeben. Das Ergebnis nennt sich dann *pho bo* (Rezept S. 132), auch ein beliebtes Frühstücksgericht, das mit seinem Duft von Ingwer und Sternanis selbst den müdesten Schläfer auf die Beine bringt.

Knackig und kräuterfein

Dass ein Teller mit Kräutern und ein Schälchen mit Salz und grob gemahlenem Pfeffer serviert wird, unterscheidet die vietnamesische Küche deutlich von der chinesischen oder der thailändischen. Deren Einflüsse – Frühlingsrollen, Currys, Letztere allerdings deutlich milder, mit weniger Chili, dafür aber viel Koriander – sind ansatzweise spürbar. Außerdem verwenden Vietnams Köche nur sehr wenig Fett oder Öl und belassen viele Zutaten ganz im Rohzustand. Das macht die vietnamesische Küche frischer, knackiger als jene Chinas oder Thailands. – Fleisch spielt eine eher marginale Rolle, es gibt vom Rind bzw. Büffel, Wildschein, Reh – und im Norden vom Hund.

Geflügel kopfüber

Weit verbreitet ist Geflügel. Kopfüber und meist noch lebendig hängt es allerorten zum Verkauf und wird so auch – zum Beispiel am Lenker des Fahrrads oder des Mopeds – nach Hause transportiert. Und auf Bahnhöfen und Haltepunkten sind fliegende Händler anzutreffen, die große Tabletts voll gebratener Hühnerbeine, hart gekochter Eier und frischer Früchte balancieren. Doch das am meisten verzehrte „Fleisch" kommt in Vietnam aus dem Wasser, kein Wunder bei fast 1 700 km Küste. Zudem winden sich zahlreiche Flüsse durch Vietnam. Die größten sind der Mekong und der Yuan Jiang. Der „Rote Fluss" fraß sich aus dem Herzen Yunnans durch die hohen Grenzberge und schüttete das riesige Delta von Tonking auf – die Grundlage für das alte Vietnam mit Hanoi als Metropole.

Kulinarik à la Saigon

Im einstigen Saigon, das nun unter dem Namen Ho-Chi-Minh-Stadt pulsiert, duftet es schon morgens um sechs am Ende des Boulevards Le Loi nach frischer Rinderbrühe. Bündelweise werden auf den Cho-Ben-Thanh-Markt frische Kräuter geliefert, lebende Hühner, Fische und Kröten, sorgsam Haufen von

Zwei im „Rohzustand", die nach kulinarischer Behandlung durch den Dritten im Bild, den Menschen, gut harmonieren: Reis(felder) und Enten – gesehen bei Hanoi, wo der Yuan Jiang oder Rote Fluss sein gewaltiges Delta in den Golf von Tonking geschüttet hat.

Alle westlichen High-Tech-Radler aufgepasst: Vietnamescher Muskel-kraft-Transport geht so …

Kokosnüssen für den Verkauf vorbereitet.

Essen und Trinken sind für die Saigoner zentrale Themen, die nicht nur viel Zeit, sondern auch Platz beanspruchen. Überall wird Essbares verkauft, mobile Gar-küchen mit ein paar Tischchen und Hockerchen bieten zum Bei-spiel Innereien an und getrockne-ten Fisch. Schier unfassbar ist auch die Zahl der schlichten klei-nen Lokale, manche von ihnen sind einfach in einer Garage untergebracht. Dort ist es übri-gens Brauch, alles unter den Tisch zu werfen, was man nicht verzehrt – Knochen, Schalen, aber auch Flaschen und Zigaret-tenkippen. Zur Sperrstunde wird dann aufgekehrt.

Der Mekong und seine Schätze

An der Lebensader Indochinas erstrecken sich Reisfelder und Obstplantagen, in den Fluten selbst und in den von ihm ge-speisten Kanälen hängen Reusen für die Fischzucht, werden Krab-ben, Garnelen und Muscheln auf-gezogen. In der Kleinstadt Vinh Long (Vinh Loi) sind all diese Wasserschätze auf dem Markt versammelt. Er gilt als der male-rischste und bestsortierte im gesamten Mekongdelta. Auch die

dortigen Restaurants stehen hier in bestem Ruf, beispielsweise dank eines Menüs aus Riesengar-nelen, gebratenen Hühnerflügeln und Fischsuppe.

Die Fischsauce *Nouc mam* – wörtlich „Wasser vom gesalzenen Fisch" – gilt als Nationalgewürz, universell verwendet zum Tunken von Fisch, Fleisch und Gemüse, zum Kochen, als Salat-würze und als Basis für weitere

Saucen. Der Fischerhafen Phan Thiet etwa 200 km östlich von Saigon ist landesweit bekannt für seine Fischsauce. Hergestellt wird sie aus gesalzenem Fisch, der in großen Deckelkrügen aus Ton oder in Holzfässern fermentiert, bis ein hoch konzentrierter Sud entstanden ist. Das dauert bis zu einem Jahr. Fischsauce, so heißt es, wird aus frischen Anchovis gemacht. Jede Köchin und jeder Koch hat natürlich ein eigenes Rezept, um den intensiven Fischsud mit Essig, Zitronensaft, Knoblauch, Zucker, Chili und Koriander zu einer genießbaren Sauce aufzumischen. Außer zum Tunken von Fisch, Fleisch oder Gemüse benützt man diese dann auch zum Kochen, als Salatwürze und als Basis für weitere Saucen.

Vietnam ist gebirgig und für die Gewinnung der täglichen Nahrung muss viel Arbeit aufgewandt werden.

Rund 1 700 km Küste besitzt Vietnam. Viele Menschen leben am und vom Meer, so auch die Fischer von Ba Hong im Mekong-Delta im Süden des Landes.

Drachenfrüchte und Buddhahände

Salat, Gemüse, Obst, Kaffee, Tee, aber auch Tabak, Kautschuk und Kokospalmen – aus deren Nüssen u. a. Gebäck, Öl und Konfekt hergestellt werden – sowie grüner Pfeffer, der sich an mannshohen Ziegelkaminen emporrankt, gedeihen vorwiegend auf Plantagen. Diese Form der Landbewirtschaftung geht zurück auf die Kolonialzeit und wird nun vom vietnamesischen Staat weitergeführt. Vor allem das Umland von Dalat im südlichen Hochland versorgt ganz Vietnam damit. Entsprechend wuselig, farbenfroh und wohlriechend geht es in der dortigen Markthalle zu, wo die natürlichen Schätze teils auch gleich von Garköchen verarbeitet und serviert werden.

KAMBODSCHA

Bereits vor 8 000 Jahren, so vermutet man aufgrund von tönernen Artefakten, lebten Menschen im Gebiet des heutigen Kambodscha. Das Reich der Khmer blühte vom 6. bis zum 13. Jahrhundert. Welch hohe Kultur die Khmer besaßen, dokumentiert ihre alte Hauptstadt Angkor. Allein für das Herzstück, den Tempel Angkor Wat, wurden

ebenso viele Steine verbaut wie für die Cheopspyramide in Ägypten – mit dem Unterschied, dass Angkors Steinmetze jeden einzelnen Block kunstvoll dekorierten. Kambodschas Küche basiert weitgehend auf jener der Khmer: gut gewürzt, aber nicht so scharf wie jene der Thai. Zudem weist sie indische, chinesische und ebenso wie die vietnamesische auch französische Einflüsse auf – nicht nur was die fast an jeder Straßenecke angebotenen Baguet-

tes anbelangt. Fisch und Reis bilden die Basis der meisten Gerichte, das weiße Korn wird auch für die Herstellung von Kuchen, Süßspeisen und Wein verwendet. Es gibt Currys, Suppen, Geflügel sowie Rind- und Schweinefleisch-Gerichte. Mitunter werden auch zwei Fleischarten kombiniert, wie beim Khmer-Reisnudel-Eintopf.

Was es sonst noch gibt an ungewöhnlichen und bekannten Speisen bzw. Ingredienzien, zeigen

vor allem die Märkte von Phnom Penh. Die Kambodschaner essen übrigens je nach Art der Speise mit Stäbchen, Löffeln oder den Händen. Im privaten Rahmen wird ein Essensgast bisweilen mit einem Strauß Jasminblumen auf dem Tisch begrüßt. Bei den Mahlzeiten hat er immer den besten Sitzplatz und bekommt den besten Teil.

In Kambodschas alter Hauptstadt Angkor weit im Norden des Landes gehört unter anderem der Ta-Prohm-Tempel zu einer Reihe kunstvoll gestalteter Bauwerke, teils von Ausmaßen wie die ägyptischen Pyramiden.

THAILAND, BURMA (MYANMAR) UND LAOS

Erfreuen wir uns einfach an der Schönheit dieser jungen Thailänderin. Es heißt, im „Land der Freien" – die Thais hatten nie Kolonialherren zu ertragen – falle das Lächeln leicht. Die üppigen natürlichen Reichtümer unterstützen diese Auffassung.

Bangkok, Phuket, Pattaya, Ko Samui, Kanchanaburi mit seiner berühmten „Brücke am Kwai" (der eigentlich Kwae Noi heißt) – ein Stück Thailand hat sich inzwischen wohl in fast jedem europäischen Kopf festgesetzt. Auch über den Gaumen, denn hierzulande gehört die Thai-Küche schon fast zum Alltag. Wie die Kultur des Landes – das vom Umriss her an eine Blüte an einem blattlosen Stiel erinnert, sich über fast 1 600 km erstreckt und neben tropischen Regenwäldern auch fruchtbare Ebenen und hohe Gebirgszüge birgt – ist sie ein facettenreiches Gemisch. Ihre Wurzeln liegen sowohl im Osten wie im Westen der Welt. Einflüsse aus China lassen sich ebenso nachweisen wie aus Indien, Java, Japan, Kambodscha und Malaysia. Auch Europa steuerte durch seine Kolonialherren Elemente bei.

Von alters her lebten die Thais in engem Verbund mit dem Wasser, was sich in ihrer Küche niederschlug: ursprünglich nur Reis, Fisch, Meeresfrüchte, Wasserpflanzen und Kräuter. Fleisch wurde kaum verwendet, allenfalls vom Rind oder Büffel. Bis die Chinesen das Kochen der Zutaten in heißem Öl einführten, grillten,

dämpften und buken die Thais ihre Nahrung ausschließlich. Currys und Gewürze sind indischer Herkunft, portugiesische Missionare brachten im 17. Jahrhundert die feurige Chili ins Land.

Die Thailänder – von denen bis heute 80 Prozent in der Landwirtschaft tätig sind – passten die fremden kulinarischen Mittel und Methoden allerdings an. Das reine Butterfett der indischen Küche wurde durch Kokosöl und andere Milchpodukte wurden durch Kokosmilch ersetzt. Überstarke, reine Gewürze milderte und verfeinerte man durch frische Kräuter wie Zitronengras, Koriander, Minze und Basilikum, die Ingwerarten Galgant (lat. *galanga*) und *krachai* sowie die feine Säure der Kaffir-Limette.

Schärfe von höllisch bis süß

Thai-Essen kann (sehr) scharf sein, muss aber nicht. Es gibt eine ganze Skala von Schärfegraden: angefangen bei der Chili, die in unzähligen Varianten existiert – das wohl schärfste Exemplar heißt *phrik kee nur luang* und gleicht einer kleinen Orange, bis hin zu jener einer geriebenen oder gehackten Knoblauchzehe. Es existieren durchaus auch

milde Gerichte und natürlich regionale Unterschiede.

Im tiefen Süden sind die Speisen stark von der moslemischen Küche Malaysias beeinflusst. Im Norden wird der Gaumen eher nur milde gekitzelt, während er sich in der Ebene durchaus auf die Variante „höllisch" einstellen muss. Ins *gaeng pet* zum Beispiel, das „hot curry", wirft dort so mancher Koch eine ganze Hand voll der winzigen grünen Chilischoten, von denen schon eine einzige einem Europäer einen Flächenbrand auf der Zunge entzündet. Da hilft nur eines: rasch einen Löffel oder eine Handvoll Reis nachschieben, das hat die-

selbe „löschende" Wirkung wie in Indien der Joghurt oder in den Mittelmeerländern das Brot. Reis (*khao*) ist auch in Thailand die Basis für nahezu alle kulinarischen Kreationen. Welch große Bedeutung er hat, zeigt sich darin, dass das Thai-Wort für essen *khin khao* lautet, Reis konsumieren. Alljährlich im Mai eröffnet der König zudem auf dem Sanam Luang in Bangkok mit einem brahmanischen Ritual feierlich die Reispflanzsaison.

Harmonie und Vielfalt

Wichtig ist die Harmonie des Geschmacks, der Zusammensetzung der einzelnen Gerichte und

„River-Kwai-Marsch" oder die „Brücke am Kwai" bezieht sich auf den Fluss Kwae Noi – nicht weit von mehreren Nationalparks. Über das ganze Land von knapp der Größe Frankreichs sind weit über ein Dutzend Reservate verteilt, auch in den weniger von Touristen besuchten Gebieten.

Prachtvolle Architektur in buddhistischer Tradition weist der Wat Pra Kaeo im Großen oder Kaiser-Palast von Bangkok auf. Über die rund 10 Mio. Menschen zählende Mega-Stadt verteilen sich noch einmal rund 400 Tempel – Orte der Ruhe und Besinnung inmitten des nicht selten hektischen Treibens.

der gesamten Mahlzeit. Idealerweise sollte sie mindestens eine süße, eine scharfe, eine saure und eine salzige Komponente enthalten.

Mitunter führt dieses Kombinationsprinzip allerdings zu so denkwürdigen Kreationen wie kandierte Bohnen, Mangos mit Anchovispaste, bittere Melonen gefüllt mit Schweinehack oder salzige Plätzchen, gefüllt mit gezuckerten Dörrkrabben.

Thai-Salate (*yam*) können sauer, süß oder salzig sein. Bei Suppen (z. B. *tom yam*, *kaeng jeut*) reicht das Spektrum von leicht-gemüsig bis sauer-pikant. Im ganzen Land beliebt ist der scharfe Garnelentopf, *tom yam gung* (Rezept S. 146), alternativ kann man *kai tom ka* bestellen, eine milde Hühnersuppe in Kokosmilch und Zitronengras.

Schier unerschöpflich ist die Palette der Currys: vom milden *Kaeng karee* mit Kartoffeln bis zum grünliches Feuer namens *kaeng khieo waan*. Die Basis aller Thai-Currys ist eine Paste aus frischen Kräutern und Gewürzen, die in Kokosmilch aufgekocht und fertig angeboten oder selbst frisch zubereitet wird.

Zahlreiche Gerichte beziehen ihre Würze aus dem Reich der Fische, ob es nun um Zubereitungen mit Reis oder Nudeln – es gibt Eier- und Reisnudeln – geht. Ein anderer wichtiger Bestandteil der thailändischen Küche sind Dips und Saucen. Bekannt sind vor allem die Fischsauce *nam pla*, die in der Regel als Salzersatz Verwendung findet, und die häufig zum Braten benutzte Austernsauce. Dips werden vielfältig eingesetzt: als Hauptmahlzeit mit Gemüse und verschiedenen

Sorten Fleisch oder zu gebackenem Reis oder dünn angemacht als Salatdressing.

Auch titbits bringen sanuk …

Thais essen nicht nur gerne scharf, sie essen überhaupt gerne – und oft. Und mit Löffel und Gabel, wobei die Gabel nicht zum Mund geführt wird, sondern lediglich als „Schaufel" dient, mit der die Bissen auf den Löffel gehievt werden. Thais essen, ganz gleich, wo sie gerade sind. Daher gehören Imbissbuden und mobile Köche fast überall zum Ortsbild. An belebten Straßenecken, in einem Park – wie aus dem Nichts taucht plötzlich ein Radfahrer auf, mit Pfanne, Töpfen und Holzkohle im Gepäck. Ehe man sich versieht, bietet er leckere gefüllte Pfannkuchen an, würzige Reisnudeln mit ein paar Stückchen Fleisch oder schöpft *tom jut*, klare Suppe mit Sellerie und Bohnenquark. Auch auf den vielen (Spät-) Märkten des Landes dampfen Töpfe und Kessel – denn Essen bedeutet für den Thailänder *sanuk* – auf Deutsch „Spaß haben". Kein Wunder, dass sie Pausen zwischen zwei Mahlzeiten am liebsten kauend verbringen, zum Beispiel auf einem *titbit*, einem Snack.

Fruchtbar dank dem Monsun

Das größte Reisanbaugebiet Thailands liegt in der zentralen Ebene. Monsunregen und die Fluten des Chao-Phya-Flusses, der auch als Transportweg dient und fruchtbare Gebirgserde mit sich führt, sorgen für die notwendige Bewässerung. Auch die östlichen Provinzen Chonburi, Rayong, Chanthaburi und Trat sind dem Monsun ausgesetzt und daher grüner und feuchter als der Rest des Landes. Hier produziert man hochwertige Rambutan, Mangostanen und Durian sowohl für den lokalen als auch für den internationalen Bedarf. Denn Thailand zählt zu den wichtigsten Nahrungsmittellieferanten der Welt. Herrliche Rosenäpfel kommen aus Phetchaburi, Prachuap Khiri Khan liefert köstliche Ananas.
Zudem gedeihen unter dem Dach der südlichen Monsunwälder subtropische Früchte in Hülle und Fülle – entweder wild oder sorgsam kultiviert auf kleinen Gehöften bzw. großen Plantagen. Die Palette reicht von Orangen und Limonen über Mangos, Papayas, Zimtäpfel und Brotfrüchte bis hin zu Kokosnüssen und fast 30 verschiedenen Bananensorten.

Man sagt, viele Menschen in Bangkok seien zugleich tief religiös wie hypermodern. Und früher, als die vielen Klongs gleich Kanäle die Funktion von Straßen hatten, wurde auch der Vergleich mit Venedig angestellt.

Das Angebot der Garküchen in Yangon (Rangun) reicht von beliebten kleinen Snacks wie Pilzen mit Wasserkresse (mho ne ka zun ywet kyaw), Garnelen mit Zwiebeln (pa zun nga paung kyaw) oder gebratenen Bohnensprossen mit Fisch (nga paung kyaw) bis hin zu den verschiedenen Currys (hin). Es gibt sie meist mit Huhn (kyet tha hin), Ente (bae tha hin) oder Fisch bzw. Meeresfrüchten. Gemessen an ihrem Chiligehalt zählen die burmesischen Currys übrigens zu den mildesten Asiens, denn die Köche beschränken sich meist auf eine simple masala aus Ingwer, Zwiebeln, Knoblauch sowie eine Menge Erdnussöl und Shrimpspaste.

Die schmale, fruchtbare Küstenprovinz Samut Songkhram, wo der Mae Klong mündet, eine der wichtigsten Wasseradern der Region, mit Salzfeldern, Kokosnussplantagen, Pfeffer-, Zwiebel- und Knoblauchfarmen, exportiert reichlich frischen Meeresfisch, Fischsauce (*nam pla*) und zahlreiche Kokosnussprodukte, vor allem Kokosnusszucker.

Die Lychees, die hier wachsen, gelten übrigens als die besten Thailands. Sie kommen vorwiegend aus dem Amphawa-Distrikt, der auch für seine schwimmenden Märkte bekannt ist.

Feuerwerk der Sinne

Unter den vielen Märkten Thailands zu nennen wäre der Pratunam-Markt, im modernen Teil von Bangkok, nördlich des Siam-Square. Einheimische decken sich hier gerne mit frischen Lebensmitteln ein; abends bis spätnachts erfreuen sich die umliegenden Nudelrestaurants großer Beliebtheit.

Noch uriger geht es zu auf dem Bangrak-Markt im Chinesenviertel von Bangkok, mit unzähligen Gemüsesorten und Bergen von Obst. Favoriten der Thais sind Mangos und Durian.

Ratchaburi, etwa eine Auto- oder zwei Zugstunden von Bangkok, ist mittlerweile weit bekannt für seinen schwimmenden Markt von Damnoen Saduak. Viele Spitzenköche Bangkoks decken sich hier mit frischen Zutaten ein. Dank fruchtbarer Böden ist die Region ein üppiger Obstgarten: Kokosnüsse, Pampelmusen, Mangos, Lychees und die besten Tafeltrauben des Landes stammen von hier.

BURMA / MYANMAR

Myanmar, das einstige Burma oder Birma, zählt sicher zu den letzten geheimnisvollen Flecken Asiens. Die gigantische, goldverzierte Schwedagon-Pagode in Yangon – Somerset Maugham nannte sie einen „plötzlichen Hoffnungsschimmer in der dunklen Nacht der Seele" – lässt den Fremden ebenso staunen wie der gigantische Irrawaddy-Fluss mit seinen riesigen Flößen und fruchtbaren, archaischen Uferebenen. Das Tempelfeld von Bagan mit mehr als 5 000 rötlichen Stupas gräbt sich ebenso eindrucksvoll in die Erinnerung ein wie die schwimmenden Gärten auf dem Inle Lake, in denen Tomaten, Auberginen, Avocados und Melonen gedeihen.

Die Beete sind auf dem Seeboden verankert, bearbeitet werden sie von Männern in schmalen Holzbooten mit langen Harken. Ihre Art zu rudern ist einzigartig: Sie klemmen das Paddel mit dem Oberschenkel ein und lassen die dortige Muskulatur die Bewegungsarbeit machen, die eigentlich die Oberarme tun.

Landwirtschaft spielt die bedeutendste Rolle im Haushalt des durch lange Isolation und zentrale Planwirtschaft rückständigen Staats – der durch sein großes Potenzial an Bodenschätzen eigentlich eines der reichsten Länder Südostasiens ist. Gut die Hälfte des Bruttosozialprodukts stammt indes bislang aus Agrarerträgen. Das tropische Niedermyanmar gilt als eines der größten Reisanbaugebiete der Welt. Die Ernte beginnt im Monat Tabodwe, etwa bei uns im Januar/Februar. Sie wird traditionell mit großen Essen gefeiert – bei denen neben dem weißen Korn Sesam, Erdnüsse, Ingwer und Kokosnuss die zentrale Rolle spielen.

Markttreiben bis Mitternacht

Burmas Küche weist Einflüsse aus Nordthailand auf, aus Indien und aus China. Sie ist stark gemüseorientiert. Alle möglichen Sorten türmen sich fast das ganze

Für Myanmar typisch: das Tempelfeld von Bagan mit seinen Pagoden. Und die Kühe stehen für die große Bedeutung der Landwirtschaft im nördlichen Nachbarland zu Thailand.

lights der burmesischen Küche sind zweifelsohne thok (auch: *lethok*) , leichte, würzige Salate aus rohem Gemüse oder aus Früchten, die mit Limonensaft, Zwiebeln, Erdnüssen, Chillies und anderen Gewürzen angemacht werden.

Traditionell speisen Burmesen auf dem Fußboden sitzend an einem etwa 30 cm hohen Tisch und bedienen sich mit den Händen. Inzwischen sind jedoch auch wie in Thailand Gabel und Löffel als Besteck verbreitet.

Im Unterschied zum Brauch dort bestellt sich jeder Speisende in myanmarischen Restaurants sein eigenes, sein Hauptgericht (z. B. ein Curry); nur die Beilagen werden mit der Gemeinschaft geteilt.

Gemüse beherrscht das Angebot der Bauernmärkte Myanmars, so auch an dieser Straßenecke in Yangon/ Rangun.

Jahr über auf den Märkten. Auch an den Straßenecken der großen Städte breiten Bauern regelmäßig ihre Produkte aus. Bis weit nach Anbruch der Dunkelheit kann man zum Beispiel mitten in Yangon Rangun lebende Hühner, frische Tomaten, Zwiebeln, Kürbisse oder Eier kaufen. Auch das Feuer der Garküchen brennt meist die halbe Nacht. Das Angebot dort ist breit gefächert. Eines der kulinarischen High-

LAOS

Reisfelder und Fischteiche mitten in der Stadt? Vientiane hat's. Die laotische Metropole, eingebettet in eine üppige Vegetation, ist ein Gemisch aus Dorf und Stadt, mit traditionellen Pfahlbauten, modernen Betonklötzen, Kolonialzeitvillen und sogar einer Art Triumphbogen nach Pariser Vorbild, allerdings verziert mit pagodenartigen Türmchen und Reliefs der laotischen Version des Ramayana-Epos'.

Die Laoten sind tief im Buddhismus verwurzelt – daran konnte auch eine Generation sozialistischer Herrschaft nichts ändern. Ein äußerst langsamer Rhythmus – selbst im Verkehr auf den Straßen – prägt den Alltag fast im ganzen Land.

Auch die Küche erscheint deutlich an Althergebrachtem orientiert. Suppe mit Ameiseneiern, geröstete Termiten, gekochtes Schlangenfleisch, Bisamratten und allerlei Waldgetier gelten als Allerweltsgerichte. Auf dem malerischen Morgenmarkt von Luang Prabang zum Beispiel, dem von der UNESCO zum Weltkulturerbe erkorenen Tempelort im Norden des Landes, kann man die Zutaten, ebenso wie kleine Gemüsehäufchen, sorgsam aufgeschichtet sehen. Letzteres wird gern sauer eingelegt (*som pak*) und auch die Suppen haben oft einen säuerlichen Geschmack. Weit verbreitet ist *kaeng no mai*, eine dunkle Suppe aus Bambussprossen.

Kaum vorstellbar ist eine laotische Mahlzeit ohne *laap* – kein Wunder, das Wort bedeutet auch „Glück". Grob gesagt handelt es sich dabei um eine Abwandlung des „steak tartare", daher ist das laotische *laap* keinesfalls ver-

gleichbar mit dem gleichnamigen Thaigericht. Es gibt mehrere Varianten, nicht nur mit Fleisch (*laap sin*), das fein gehackt bzw. zu einer Paste vermahlen in Limettensaft mariniert und mit Kräutern (Minze vor allem) sowie Reis vermischt wird, sondern auch mit Fisch, Geflügel und Innereien.

Ebenfalls in Myanmar zu sehen: Handwerk mit Silberwaren.

INDIEN UND SRI LANKA

Im Vielvölkerstaat Indien – amtlich Bharat Juktarashta und mit rund 1 Mrd. Menschen nur von China übertroffen – leben mehrere Religionsgemeinschaften. Die rund 3 % Sikhs besitzen in Amritsar mit dem Goldenen Tempel ihr wichtigstes Heiligtum. Sikhs versuchten zwar die Lehren des Hinduismus und des Islam zu vereinen, doch die Geschichte ihrer Religion ist gekennzeichnet durch Militanz und Verfolgungen – beiderseits.

Farbenprächtige Märkte und Feste, herrliche Tempel und Maharadscha-Paläste, abgelegene Bergklöster und ausgedehnte Lagunenlandschaften, himmelhohe Gipfel und endlose Kokosplantagen, weite Blütentäler und strahlende Wüstenwelten, Millionenstädte und stille Fischerdörfer – Indien bildet eines der eindrucksvollsten und kontrastreichsten Länderpuzzles der Welt. Obwohl der Milliardenstaat zu den zwei Dutzend größten Industrienationen der Welt zählt, arbeiten fast zwei Drittel seiner Bewohner nach wie vor in der Landwirtschaft. Das ist alles andere als verwunderlich, denn immerhin die Hälfte der Landesfläche ist fruchtbares Agrarland, weitere Hunderttausende von Quadratkilometern sind von Wald bedeckt. Dort wo der Mensch kontinuierlich für Wasserzufuhr sorgt, herrschen üppigste Fülle und Vielfalt.

Von Nord nach Süd wird die subtropische Vegetation immer artenreicher. Assam, Darjeeling und Westbengalen zählen zu den größten Teeanbaugebieten des Landes. Die Dünenlandschaft der Ostküste prägen Kasuarinenwälder, an die Hänge kühler Talkessel schmiegen sich hier Gemüse-terrassen, voll mit Blumenkohl, Kartoffeln und Tomaten. Straßenhändler verkaufen zudem Berghonig und Eukalyptusöl, mitunter auch Erdbeeren und Pilze. Die Strände an der Westküste säumen dichte Kokospalmhaine. Vor allem der Bundesstaat Kerala, mit seinen von Flüsschen und Kanälen durchzogenen Backwaters, gilt als wichtiger Lieferant von getrocknetem Kokosfleisch (*kophra*) und Kokosfasern. Auch Pfeffer, Ingwer und Kardamon gedeihen prächtig im Klima dieses Küstenstaates, der mit dem Nachbarn Tamil Nadu die von zwei Meeren umspülte Südspitze des indischen Subkontinents bildet. Überall weit verbreitet sind Feigenbäume sowie Tamarisken und Mangos verschiedenster Arten.

Außer Kokospalmen und Gewürzen sind Zuckerrohr und Erdnüsse wichtige Agrarhandelsprodukte Indiens. Das Gros der Chili-, Ingwer- und Kaffeeproduktion bleibt indes im Lande. Wichtigste Nutzpflanze ist allerdings der Reis, gefolgt von Weizen, Hirse, Mais und Gerste.

Fleischerzeugung spielt auf dem Subkontinent aus religiösen Gründen keine Rolle – viele Inder, vor allem im hinduistisch

कन्द्र: बड़ादेव गोदौलिया एवं दशाश्वमेध ... रा

geprägten Süden, sind Vegetarier; den Muslimen verbietet ihr Glaube den Genuss von Schweinefleisch. Allerdings herrscht beachtlicher Milchbedarf. So erklärt sich wohl das große Viehaufkommen: Indien besitzt circa 20 Prozent des gesamten Rinderbestandes der Welt.

Milch als Feuerlöscher

Milch bildet die Basis für *lassi*, *curd* und *raytas* (Rezepte S. 172). Alle drei dienen quasi als Feuerlöscher – egal ob man sie trinkt, mit dem Löffel isst, pur genießt mit gewürzten Kartoffeln, gebratenen Auberginen, Mango, Banane und Kokosnuss mischt oder

Bäder im Ganges, die vor allem die Seele reinigen sollen, gehören zum faszinierend bunten Bild Indiens.

Nur eine Randbemerkung nicht zum Bild:
Curry ist offenbar in Indien ein Synonym für Leben. Ein Tag ohne Curry, so heißt es, sei kein richtiger Tag für einen Inder. Und sogar in Gedichten und Liedern wird das Curry gepriesen.

abschmeckt mit Kräutern, Zitronensaft und Honig. Denn die indische Küche ist mitunter höllenscharf. Generell zeichnet sie sich aus durch die frische Zubereitung der Gewürze, kurz bevor sie den Speisen beigefügt werden. Außerdem werden die Gerichte fast alle in mundgerechten Happen serviert. Zum Kochen, Braten und Frittieren verwenden indische Köche gern *ghee*, geklärtes Butterschmalz.

Als Beilage fast allgegenwärtig ist *daal*, ein Linsenbrei. Die Unterscheidung zwischen Vor- und Hauptspeisen kennt man in der indischen Küche nicht. Eine Ausnahme bildet *mulligatawny* (wörtl. Pfefferwasser), eine Suppe, die während der englischen Kolonialzeit entstand. Nationalspeise der Inder ist das Curry, ein aromatisches Saucengericht, das in Hunderten von Varianten und Aromen existiert

und für das jede Familie ihre eigene Gewürzmischung (*masala*) hat. Die drei Hauptarten sind *garam masala*, *black masala* und *green masala*. Das schönste Kompliment für einen Koch oder eine Köchin in Indien, sagt man, sei, wenn man sein/ ihr Curry noch tagelang an den Händen riecht.

Robustes von den Bergen

Die nordindische Küche wurde seit dem Mittelalter durch verschiedene Getreidearten und Fleischsorten (Lamm, Büffel, manchmal auch Schwein) vom islamischen Kochstil zentralasiatischer Eroberer beeinflusst. Sie ist kräftig und würzig, aber was die Schärfe anbelangt deutlich milder als jene des Südens.

In den Gebirgsregionen des Nordostens spiegelt der Speisezettel den Charakter der kargen Natur. Ihre Erzeugnisse werden meist auf urigen Straßenmärkten gehandelt. So hocken beispielsweise die Bauersfrauen im Ladakh-Ort Leh hinter kleinen Häufchen von Kohl, Karotten und Zwiebeln; dazu bieten ihre Nachbarinnen schöne tibetische Teeschalen an. Etwas weiter nordwestlich, in Lamayuru, gedeiht außerdem Gerste, die sich zum Brauen von chang eignet.

Leckeres aus dem Lehmofen

Vornehmlich verarbeiten die Nordinder ihr Korn indes zu *roti*, (Fladen-)Brot. Der Brotkonsum zwischen Neu-Delhi – in dessen Altstadt der Kari-Basar nördlich der Freitagsmoschee mit einem reichen Gewürzangebot lockt – und Indiens Teebörsen-Metropole Kalkutta ist deutlich höher als in den mehr reisorientierten Regionen zwischen Bombay und Bangalore. Ohne Brot ist im Norden keine Mahlzeit komplett, Reis bleibt speziellen Anlässen und dem Reispudding vorbehalten. Gebacken werden die Fladen in einem speziellen Lehmofen – dem *tandoor*. Von ihm leitet sich auch die Bezeichnung für die tandoori-Küche ab, die in Nordindien zuhause ist.

Ob nun der Kandaraya-Mahadwa-Tempel (linke Seite) oder das weltberühmte Taj (Tadsch) Mahal (oben) von Agra, ein Mausoleum, das von 1630 bis 1648 im persisch geprägten Mogulreich errichtet wurde: Religion(en) fördern und formen monumentale Bauwerke, die uns bis heute in Erstaunen versetzen.

Noch eine bis heute auf indischen Straßen und Plätzen anzutreffende Szene: Schlangenbeschwörer. Der junge Mann lässt eine Kobra „tanzen" ...

Die Bengalische Küche kann aus dem Vollen schöpfen. Kein Wunder: Westbengal zieht sich als einziger Bundesstaat von den Höhen des Himalaja bis hinab zum Meer und profitiert dabei auch noch von den fruchtbaren Ebenen des heiligen Ganges. Berühmt sind die bengalischen Köche und Hausfrauen daher für ihre Fisch- und Krabbencurrys sowie für ihr *daal*, den Brei aus gekochten Linsen. Die typische Würze der bengalischen Küche ist *kalwanji*, Zwiebelsamen.

Wie der Osten Indiens verfügt auch der Westen über eine lange Küstenlinie, was ein großes Angebot an Fischen und Schalentieren begünstigt. Weit verbreitet sind der indische Lachs und „Bombay Duck" – trotz des Namens ein Fisch. Er wird entweder als Curry zubereitet oder frittiert. Der Einfluss der Portugiesen, deren Vorreiter im 15. Jahrhundert Vasco da Gama war, ist bei dieser Rezeptur zu spüren. Ebenfalls oft angeboten werden im Westen Gerichte persischer Herkunft wie dhansak, Hühnchen mit Linsencurry.

Fleischlos glücklich

Im Süden isst man vorwiegend fleischlos. Meeresfrüchte, Fisch,

Reis und Gemüse spielen daher eine weit größere Rolle als im Norden. Die Männer, die vielerorts noch täglich mit ihren Booten zum Fischen ausfahren, bringen in ihren Netzen T(h)unfisch, Makrelen (Bangda), Sardinen, Barrakuda, Haifisch, Königsdorsch und Schwertfisch nach Hause; zudem bereichern Muscheln, Garnelen, Tintenfisch und Langusten den Fang. Gewürzt werden die Speisen oft großzügig mit Chili, dazu kommt Joghurt auf den Tisch.

Außer als Füllung in Pfannkuchen bereitet man Gemüse gerne zu durch Frittieren. Pakoras heißt das Ergebnis. Ebenfalls in Fett ausgebacken werden die als Snack beliebten, oft nur nussgroßen samosas, Teigtäschchen mit Füllung von Meeresfrüchten bis Spinat (Rezepte S. 166). Chutneys werden zu fast allen Speisen gereicht. Sie sollen den Appetit anregen, den milden Gerichten einen kleinen „Kick" verleihen und bei den höllischscharfen als Ausgleich fungieren (Rezept S. 178).

Chilischärfe kontra Koriander-Raffinesse

Eine populäre Ausnahme von der weit verbreiteten vegetarischen

Küche Südindiens macht das *byriani* (ein Eintopf aus Fleisch und Reis) nach der Art von Hyderabad. Es entzündet allerdings ein wahres Flammenmeer am Gaumen. Tränen in die Augen treiben können einem auch die Köche Goas, zum Beispiel mit ihren gelben Fischcurry. Zum Glück gibt es Reis, Joghurt – und *poie*, das goanische Weizenbrot. In dem Küstenstaat ist ebenso der kulinarische Einfluss der einstigen portugiesischen Kolonialherren zu spüren, so beim *vindaloo*, einem süßsauren Eintopf, der mit Ingwer, Knoblauch, Chili, Essig und braunem Zucker zubereitet wird. Dazu gibt es goani-

schen Wein oder einen Schnaps aus Kokoswein bzw. den Cashewnussäpfeln: *feni*. Im April/Mai erfüllt die süßliche Schwere der reifen, rotgelben Früchte das ganze hügelige Hinterland Goas. Gemessen an den der nördlichen Nachbarn gelten keralitische Gerichte als eher mild; hier werden viel Kokosmilch und -fleisch verwendet. Die tamilische Chettinard-Küche hingegen ist bekannt für den raffinierten Einsatz von Koriander, der zusammen mit Pfeffer in gemahlener Form vielen Speisen ein aparte Würze gibt.
In der hinduistischen Kultur, die den Süden Indiens prägt, spielt

Arbeitselefanten werden außer in Indien beispielsweise noch in Malysia und Thailand eingesetzt. Frühere Strategen bauten Festungen sogar so wehrhaft, dass Kriegselefanten nicht in sie einzudringen vermochten.

Kokospalmen sind alles andere als flach, um ihre Früchte zu erreichen, geht es für die Kokosnuss-Pflücker und Toddy-Zapfer erst einmal weit hinauf. Und damit nicht genug: In Schwindel erregender Höhe balancieren sie auf Seilen von einer Palme zur nächsten.

Nahrung auch eine wichtige religiöse Rolle. So werden den Göttern beispielsweise Früchte als Opfergaben dargebracht. Zum Nachtisch weicht man daher oft auf Gemüse-, Milch- und Reiskreationen aus.

Ihren Durst stillen die Inder mit Limettensaft (nimbu pani), Tamarinden-Kreuzkümmelwasser (*jeera pani*) und natürlich mit Tee – der oft schon mit Milch und Zucker ausgeschenkt wird (ready made tea) oder angereichert ist mit Gewürzen (*masala chai*). Zudem gibt es indische Weine und einheimische Biere.

Meal 's ready

Traditionell wird in Indien auf dem Fußboden gegessen – und mit der rechten Hand. Mitunter dienen Brotfladen als „Besteck" (s. S. 164). Inzwischen sind, vor allem in den Restaurants, auch Löffel und Gabel verbreitet, Messer bekommt man indes kaum. Zur Mittagszeit locken die einfachen Restaurants fast überall mit „meal 's ready". In Windeseile erhält der Gast ein rundes Tablett (thali), zu Festtagen vielleicht auch ein Bananenblatt vorgesetzt, in dessen Mitte ein Berg Reis aufgetürmt ist. Darauf und darum herum wird alles arrangiert.

SRI LANKA

Fruchtbares Grün in allen Schattierungen prägt die tropische Insel Sri Lanka, das ehemalige Ceylon. Angefangen vom dunstverhangenen Regenwald, den Pinienwäldern und den dicht mit Teesträuchern bewachsenen Hängen des zentralen Hochlandes über die Gummibaum- und Bananenplantagen bis hin zu den Reisfeldern der Ebene, den Millionen von Kokos- und Palmyrapalmen, den Bambuswäldern, Eukalyptushainen und Mangrovendickichten zeigt das Land von der Größe Bayerns fast überall ein frisches grünes Gesicht. Noch halten sich Waldbestand und landwirtschaftliche Nutzfläche mit circa je einem Drittel etwa die Waage, der Export von Tee, Kautschuk und Kokospalmerzeugnissen fordert von der ursprünglichen Natur allerdings immer höheren Tribut. Den Teestrauch führten übrigens erst Mitte des 19. Jahrhunderts die Engländer aus Assam ein – versuchsweise zunächst, nachdem ein Pilz fast die gesamte Kaffee-Ernte auf der Insel vernichtet hatte. Seither liefert vor allem das einstige Dschungelhochland zwischen Nuwara Eliya und Kandy, einige der besten Teesorten der Welt,zu spitzen Preisen.

Der Baum des Lebens

Seit Urzeiten beheimatet auf dem
tropischen Eiland ist indes die
Kokospalme: „Baum des Lebens".
Von der Wurzel bis zur Krone
lässt er sich auf vielfältige Art
verwerten. Der klare Saft der
Königskokosnuss (*thambili*) ist
ein beliebter Durstlöscher, das
Kokosfleisch ein unverzichtbarer
Bestandteil der sri-lankischen
Küche. In ochsenbetriebenen
Mühlen wird aus ihm das Öl zum
Braten gewonnen, die Raspeln
mildern das höllische Brennen so
mancher Gerichte. Der Saft der
Palmblüten bildet die Basis für
Sirup (*jaggery*) und braunen
Zucker. Außerdem ergeben sie
Palmwein (*toddy*), aus dem man
den Nationalschnaps Arrak macht.
Ein weiteres typisches Produkt
der Insel ist Zimt – das Erbe der
holländischen Kolonialherren. Im
17. und 18. Jahrhundert ließen
sie riesige Zimtplantagen anlegen
– und bauten für den Transport
des kostbaren Gewürzes sogar
extra eine gut 100 km lange Was-
serstraße: von Puttalam bis
Colombo. In Negombo sind einige der Zubringerkanäle noch
erhalten. Am Hafen gibt es, wie
in Mirissa oder Tangalla und
anderen kleinen Küstenorten,
täglich fangfrisches Meeresgetier.

Zwiebelteig zum Frühstück

In vielen Orten gibt es nicht nur
kleine Felder für den Eigenver-
brauch von Kartoffeln, Kohl,
Hirse und Maniok, sondern auch
einen Gewürzgarten, mit all den
Kräutern und Aromapflanzen, die
es für rice and curry, das Nationalgericht Sri Lankas braucht. Es
existiert in unzähligen Varianten:
weiß, braun oder rot, dick, dünn
oder trocken, scharf oder mild
(eher als Ausnahme), mit Huhn
oder Fisch, Fleisch, Ei oder
Gemüse. In kleinen Schälchen
werden pro Mahlzeit jeweils gut
ein halbes Dutzend dieser Kreationen aufgetischt.

*Ganz gleich wie die
Kokosnüsse selbst nun
transportiert wurden oder
werden: Man kann außer-
dem Kokosfasern und -
blätter verwerten, für
Seile, zum Hausbau, als
Polstermittel, kann Matten
flechten oder Besen bün-
deln.*

JAPAN

Japans Küche besticht durch seine frischen, leichten Gerichte. Fische und Meeresfrüchte, Gemüse und Pilze werden raffiniert, aber behutsam gewürzt. Und alle Speisen sind stets außerordentlich dekorativ auf feinem Porzellan angerichtet.

Gemüsesuppe mit Garnelen und Eirollen

4 getrocknete Shiitake-Pilze
1 handtellergroßes Stück getrockneter Seetang (Kombu)
1 ¼ Liter Wasser
1 Tasse getrocknete Tunfischflocken (Hana-katsuo), 4 Eier
2 TL Maisstärke, Salz frisch gemahlener Pfeffer
2 EL gehackte Sellerie-blätter
Pflanzenöl zum Braten
4 rohe Riesengarnelen
150 g Rotbarschfilet
4 große Spinatblätter
8 Zuckerschoten
1 Karotte
1 unbehandelte Zitrone
helle Sojasauce
brauner Zucker

Tipps:
Dünne Suppen werden in Japan zum Frühstück, mittags als Vorspeise, aber auch nach einem Menü gereicht. Gehaltvolle Suppen gelten als Haupt-mahlzeit. Die Seetang-brühe Ichiban Dashi ist Grundlage zahlreicher Suppen und Eintöpfe. Seetang und Fischflocken können ein weiteres Mal für Niban Dashi verwendet werden. Diese milde See-tangbrühe wird häufig statt Wasser zum Kochen von Gemüse genommen.

UMEWAN
Von den getrockneten Pilzen die Stiele abbrechen. Die Pilzköpfe in ¼ Liter Wasser 20 Minuten ein-weichen. Den Seetang kurz mit einem feuchten Tuch abreiben und in 1 Liter Wasser 10 Minu-ten kochen. Den Seetang entfer-nen und die Fischflocken ein-rühren. Den Topf abgedeckt bei-seite stellen, bis die Flocken auf den Topfboden gesunken sind. Die Brühe durch ein Sieb gießen. Die Pilze in dem Einweichwasser 15 bis 20 Minuten garen, herausnehmen und in Streifen schneiden.

Für die Eirollen die Eier mit 1 TL Maisstärke, etwas Salz, Pfeffer und dem Selleriegrün mischen. Eine mittelgroße Pfanne nach und nach mit etwas Öl bestreichen und bei milder Hitze dünne Pfannkuchen backen. Diese sofort fest aufrollen. Die Garnelen ohne Kopf in dem Pilzwasser 4 Minuten garen. Herausnehmen, aus dem Panzer brechen und entdarmen. Das Schwanzende jedoch stehen lassen. Das Fischfilet mit der rest-lichen Maisstärke bestreuen und die Oberfläche mit einem schar-fen Messer im Abstand von knapp 1 cm rautenförmig einschneiden.

Den Fisch behutsam in dem Pilzwasser 1 Minute garen. Herausnehmen, salzen, abtropfen lassen, in Stücke schneiden. Die Spinatblätter 30 Sekunden in dem Pilzwasser kochen und he-rausnehmen. Die Zuckerschoten putzen und einmal schräg quer halbieren. Die Karotte schälen und in streichholzgroße Stifte schneiden. Beides in der See-tangbrühe 5 Minuten garen und herausnehmen.
Die Zitrone heiß waschen, trockenreiben und einige dünne Schalenstreifen abziehen. Die Seetangbrühe mit Salz, Sojasauce, Pfeffer und Zucker abschmecken. Die Eirollen in 3 cm breite Stücke schneiden.
Alle Zutaten auf 4 Schalen ver-teilen, die heiße Seetangbrühe angießen und mit Zitronenscha-lenstreifen bestreuen.

VARIANTE
Statt der Tunfisch- oder Blaufisch-flocken können für die Brühe auch 6 getrocknete Shiitake-Pilze verwendet werden. Sie werden nach dem Garen in Streifen geschnitten und dienen später als Suppeneinlage.

KREBSFLEISCH MIT REISESSIGDIP
HÜHNERBÄLLCHEN GESCHMORT

KREBSFLEISCH MIT REISESSIGDIP

1 Salatgurke, 1 TL Salz
2 Dosen Krebsfleisch (Crabmeat)
5 cm Ingwer
75 ml Ichiban Dashi (Seetangbrühe, Seite 60) oder Fischfond
75 ml Reisessig
2 EL brauner Zucker
3 EL helle Sojasauce
Salz

GESCHMORTE HÜHNERBÄLLCHEN

450 g Hähnchenbrustfilet
200 g rohe Garnelen ohne Kopf
2 cm Ingwer
2 Eiweiß
4 EL + ⅛ Liter Reiswein (Sake)
6 EL dunkle Sojasauce
8 EL helle Sojasauce
1 EL Salz, 3 TL Zucker
8 EL ml süßer Kochwein (Mirin) oder 6 EL Cream Sherry
1 TL Maisstärke
1 Bund Frühlingszwiebeln

Tipp:
Crabmeat ist eine kostbare und kostspielige Delikatesse, stattdessen können auch 300 g gegarte Flusskrebsschwänze oder Garnelen für diese Vorspeise verwendet werden.

KREBSFLEISCH MIT REISESSIGDIP

Kani Sunomono
Die Gurke waschen und trockentupfen. Mit einem kleinen, spitzen Küchenmesser oder einem Spezialmesser im Abstand von 1 cm in die Gurke Längsrillen ziehen. Die derart gestreifte Gurke längs halbieren, die Kerne mit einem Teelöffel entfernen und die Gurke in dünne Scheiben schneiden. Die Scheiben mit Salz bestreuen und in kaltem Wasser 30 Minuten ruhen lassen. Inzwischen das Krebsfleisch aus der Dose lösen und die festen Teile entfernen. Die marinierten Gurkenscheiben vorsichtig zwischen Küchenpapier ausdrücken und dekorativ auf einer Platte oder in 4 kleinen Schälchen anrichten. Das zerkleinerte Krebsfleisch in die Mitte setzen. Den Ingwer schälen, fein reiben, in ein kleines Sieb geben und den Saft auf das Krebsfleisch träufeln. Für den Dip alle Zutaten einmal aufkochen, abkühlen lassen und mit Salz abschmecken. Krebsfleisch mit und/oder Gurkenscheiben mit Essstäbchen aufnehmen, kurz in den Dip tauchen und zum Mund führen.

GESCHMORTE HÜHNERBÄLLCHEN

Torigan-Ni
Das gut gekühlte Fleisch würfeln. Garnelen aus dem Panzer brechen, entdarmen und klein schneiden. Ingwer schälen und würfeln. Alles mit dem Eiweiß pürieren und mit 4 Esslöffeln Reiswein, 2 Esslöffeln dunkler Sojasauce, 2 Esslöffeln heller Sojasauce, Salz und Zucker verrühren. Aus der gewürzten Masse 20 kleine Bällchen formen und kühl stellen. Die beiden Reisweine – oder Sake und Sherry mit den restlichen beiden Sojasaucen 5 Minuten sprudelnd etwas einkochen. Die Hackfleischbällchen darin 5 Minuten gar ziehen lassen, herausnehmen und warm halten.
Die Maisstärke mit etwas kaltem Wasser glatt rühren, in den Fond gießen, einmal aufkochen lassen. Die Frühlingszwiebeln putzen und ansprechend in Form schneiden. Die Fleischbällchen auf Schalen anrichten, mit etwas Sauce begießen. Die Frühlingszwiebeln dazulegen.

*D*iese pikanten Fleischbällchen können auch in Ichiban Dashi, der Seetangbrühe, gegart und serviert werden.

350 g japanischer Rund-
kornreis
450 ml Wasser
1 Stück Seetang (Kombu)
5 EL Reisessig
1 EL Zucker
1 EL Salz
2 EL Wasabipulver
200 g frisches rohes
Tunfischfilet
200 g frisches Lachsfilet
100 g frisches Schollenfilet
4 rohe Garnelen ohne
Kopf
Reisessig zum Befeuchten
2 Noriblätter (gerösteter
schwarzer, getrockneter
Seetang)
8 cm Salatgurke mit Schale
½ Umeboshi-Pflaume
50 g Lachskaviar
dunkle Sojasauce
süßsauer eingelegte
Ingwerscheiben (Ginger
Pickle)
Schnittlauchblüten
Tomatenrosetten

Tipp:
*Tomatenrosetten entste-
hen aus dünnen geschäl-
ten Tomaten. Die langen
Schalenstreifen lassen
sich leicht zu einer Rose
aufrollen.*

Den Reis gründlich unter fließen-
dem Wasser abspülen und gut
abtropfen lassen. Den Reis und
400 Milliliter Wasser mit dem
feucht abgeriebenen Stück Seetang zum Kochen bringen. Den
Topf gut verschließen und den
Reis bei milder Hitze 15 Minuten
garen. Den Deckel und den Seetang entfernen, ein dickes
Küchentuch über den Topf legen
und den Reis neben dem Herd
20 Minuten ruhen lassen.
Den Essig mit Zucker, Salz und
1 Esslöffel Wasser erwärmen, bis
beides gelöst ist. Den Reis in
ein flaches Gefäß geben, immer
wieder mit der Essiglösung beträufeln.
Das Wasabipulver mit etwas Wasser cremig verrühren. Den Fisch
in dünne, 2 mal 4 cm große
Stücke schneiden. Die Garnelen
ohne Panzer und entdarmt längs
in Scheiben schneiden und in
wenig Wasser kurz garen. Auf
einer glatten Unterlage abkühlen
lassen.
Die Hände mit etwas Essig befeuchten und aus dem abgekühl-
ten Reis gut pflaumengroße
Rollen formen. Ein Stück Fisch
oder Garnele mit ganz wenig
Wasabi bestreichen und auf den
Reis „kleben". Mit den angefeuchteten Fingern dem Sushi

eine ansprechende Form geben
und auf ein Tablett legen.
Jeweils 1 Noriblatt mit der glatten Seiten nach unten auf eine
Bambusmatte legen, 3 bis 4
Esslöffel Reis in die Mitte geben.
Das Stück Gurke in schmale
Streifen schneiden, Umeboshi
sehr fein hacken. Auf den Reis
der Länge nach etwas Umeboshi
streuen, Gurkenstreifen und
Fischstreifen dazulegen. Die Füllung mit etwas Reis abdecken.
Mit Hilfe einer Bambusmatte den
gefüllten Reis im Noriblatt aufrollen. Den überstehenden Teil des
Noriblatts anfeuchten, mit der
Matte eine rollende Bewegung
ausführen und so das Noriblatt
festkleben. Mit einem scharfen,
angefeuchteten Messer Sushi
abschneiden. Die beiden äußeren
Stücke, bei denen das Noriblatt
etwas übersteht, zusätzlich mit
Kaviar füllen.
Sushi mit Schnittlauchblüten
und Tomatenrosetten garnieren.
Wasabi, Sojasauce und eingelegten Ingwer in jeweils 4 Schälchen anrichten.

*V*erzagen Sie nicht, wenn Ihre
*Sushi nicht so perfekt ausse-
hen. Sushiköche haben eine lange
Ausbildung hinter sich. Arbeiten
Sie so sorgfältig wie möglich.*

FRITTIERTE KÖSTLICHKEITEN

4 rohe Riesengarnelen
ohne Kopf
250 g Fischfilet
4 frische Shiitake-Pilze
4 Frühlingszwiebeln
1 mittelgroße Aubergine
1 Süßkartoffel
4 kleine Karotten mit
Grün
4 dünne Scheiben Lotos-
wurzel (frisch, tiefgekühlt
oder aus der Dose)
Mehl zum Bestreuen
⅛ Liter Niban Dashi
(Seetangbrühe, Seite 60)
oder Fischfond
4 EL getrocknete Tunfischflocken (Hanakatsuo)
4 EL dunkle Sojasauce
4 EL süßer Kochwein
(Mirin)
1 TL brauner Zucker
3 cm Ingwer
75 g weißer Rettich
Salz
Pflanzenöl zum Frittieren
100 ml dunkles Sesamöl
2 Eigelb
½ Liter Eiswasser
250 g Mehl

Tipp:
Der Tempurateig ist sensibel. Er darf nur kurz stehen, deshalb wird er in 2 Portionen gemischt. Alle 3 Zutaten werden schnell verrührt. Mehlklümpchen sind durchaus gewollt und verheißen eine knusprige Teighülle.

TEMPURA

Von den Garnelen den Panzer entfernen, den Schwanz jedoch stehen lassen und die Garnelen entdarmen. Die Garnelen an der unteren Seite dreimal kurz einschneiden, damit sie sich beim Garen nicht krümmen.

Das Fischfilet in 4 gleich große Stücke schneiden. Von den Pilzen den Stiel wegschneiden. Von den Frühlingszwiebeln die Wurzel und den oberen, dunkelgrünen Teil entfernen.

Die Aubergine in ½ cm dicke Scheiben schneiden. Falls diese zu groß sind, werden sie einmal durchgeschnitten. Die Süßkartoffel schälen, dünn in Scheiben schneiden und je nach Größe halbieren oder vierteln. Die Karotten schälen, etwas Grün stehen lassen.

Ein Stück Lotoswurzel schälen und in Scheiben schneiden. Tiefgekühlte Lotoswurzel auftauen, Dosenwaren gut abtropfen lassen und trockentupfen. Alle Zutaten rundherum mit Mehl bestreuen und auf eine Platte legen.

Für den Dip Niban Dashi erhitzen, Fischflocken einrühren und neben dem Herd ruhen lassen, bis die Flocken auf den Topfboden gesunken sind. Die Brühe

abseihen und mit Sojasauce, Reiswein und Zucker einmal aufkochen. Ingwer und Rettich schälen und in den Dip reiben. Mit Salz abschmecken und abkühlen lassen. Den Dip in 4 Schälchen gießen.

Reichlich Öl in einer Fritteuse, in einem Wok oder in einem hohen Topf erhitzen und nach und nach mit etwas Sesamöl würzen.

Für den Teig zunächst 1 Eigelb mit ¼ Liter Eiswasser (aus Eiswürfeln) verrühren. Die Hälfte des Mehls darüber sieben und kurz mischen. Mehlklümpchen sind erwünscht.

Jeweils 1 Stück Fisch bzw. Gemüse für 1 Portion kurz in den Teig tauchen, sofort goldgelb frittieren und auf Servietten mit dem Dip anrichten. Sobald der Teig verbraucht ist, die zweite Portion herstellen.

Die frittierten Köstlichkeiten schmecken nur richtig knusprig, wenn sie sofort serviert werden. Deshalb immer zuerst eine Portion frittieren, höchstens ein paar Minuten im heißen Backofen warm halten.

PILZREIS MIT HUHN
SPINAT MIT SESAM

PILZREIS MIT HUHN

300 g japanischer Rund-
kornreis
350 g Hähnchenbrustfilet
250 g frische Shiitake-
Pilze
1 handtellergroßes Stück
Seetang (Kombu)
2 cm Ingwer, 1 grüne
Paprikaschote, 1 Karotte
2 EL süßer Kochwein
(Mirin), 2 EL helle Soja-
sauce, 1 EL Salz
etwas Selleriegrün

SPINAT MIT SESAM

500 g Spinat
1 EL Salz, 1 Liter Wasser
6 EL Sesam
6 EL Niban Dashi (See-
tangbrühe, Seite 60) oder
Fischfond
1 EL dunkle Sojasauce
1 TL brauner Zucker
frisch gemahlener
schwarzer Pfeffer

Tipp:

*Der Topf (mit gut sitzen-
dem Deckel) für den Reis
darf nicht so groß sein,
damit nur wenig Dampf
entweichen kann. Der Reis
wird rasch zum Kochen
gebracht, die Temperatur
dann stark verringert. Die
Garzeit beträgt 12 bis 16
Minuten. Danach den Reis
mit einem Küchentuch
abdecken, neben dem
Herd 15 bis 30 Minuten
nachgaren.*

PILZREIS MIT HUHN
Tori Gohan

Den Reis gründlich unter kaltem
Wasser abspülen und 2 Stunden
in kaltem Wasser einweichen.
Dann abgießen und zwischen
Küchentüchern trocknen. Das
Fleisch in knapp 2 cm große
Würfel schneiden. Von den Pil-
zen die Stiele entfernen, die Hüte
in schmale Streifen schneiden.
Den Reis in einen Topf geben und
mit ¾ Liter Wasser auffüllen.
Den Seetang feucht abreiben, auf
den Reis legen und abgedeckt
8 Minuten kochen. Inzwischen
Ingwer schälen und fein würfeln.
Paprikaschote putzen, in schmale
Streifen schneiden. Die Karotte
schälen und mit einem Messer
oder einem Spezialgerät längs
Rillen anbringen. Die Karotte in
dünne, blütenähnliche Scheiben
schneiden.
Kombu entfernen, stattdessen
Fleischwürfel, Pilze, Ingwer und
Gemüse sowie Kochwein, Sojasauce und Salz in den Reis
rühren. Alle Zutaten vorsichtig
umrühren, wieder zum Kochen
bringen und abgedeckt bei milder
Hitze weitere 8 Minuten garen.
Neben dem Herd 15 Minuten
ruhen lassen.
Den Pilzreis in Schalen anrichten
und mit Selleriegrün garnieren.

VARIANTE

Statt mit Hühnerfleisch kann das
Reisgericht auch mit rohen
Muscheln oder Garnelen zubereitet werden. Die Garzeit der Garnelen und Muscheln ist kürzer,
weshalb sie erst 4 Minuten vor
Garende mit dem Reis gemischt
werden sollten.

SPINAT MIT SESAM
Horenso Hitashi

Den Spinat putzen und gründlich
waschen. Das Salz im Wasser auflösen, zum Kochen bringen.
Die Spinatblätter hineinlegen, in
1 bis 2 Minuten zusammenfallen
lassen.
Den Spinat abgießen und gut
abtropfen lassen. Den Sesam in
einer Pfanne rösten, bis er duftet.
1 Esslöffel Sesam beiseite stellen.
Den restlichen Sesam im Mörser
zerreiben.

Für die Sauce Niban Dashi mit
der Sojasauce und Zucker einmal
aufkochen, den Sesambrei einrühren und mit Salz und Pfeffer
abschmecken.
Den Spinat gut ausdrücken und
4 gleich große Bällchen formen.
Den Spinat anrichten, mit der
Sauce beträufeln und mit den
Sesamkörnchen bestreuen.

KOREA

Feurig scharf, süßsauer und geprägt vom Geschmack
der kleinen Sesamkörnchen erfreut die koreanische
Küche die Genießer. Immer dabei ist eine Schale mit
köstlich körnigem Reis und Kim Chi, süßsaurem Gemüse.

PFANNKUCHEN-VARIATIONEN
SÜSSSAURER KOHL

PFANNKUCHEN-VARIATIONEN

200 g frische Shiitake-Pilze
Pflanzenöl zum Braten
Salz, Chilipulver
dunkle Sojasauce
150 g weißer Rettich
1 große Karotte
200 g geschälte, gekochte Garnelen
1 Knoblauchzehe
250 g Schweinefilet
2 Bund Frühlingszwiebeln
2 Knoblauchzehen
Teig: 6 Eier
je 75 g Reis- und Weizenmehl, ca. 300 ml Wasser
4 TL dunkles Sesamöl
Dip: 2 EL dunkler Reisessig
150 ml helle Sojasauce
1 TL brauner Zucker
2 EL Sesam

SÜSSSAURER KOHL

1 Chinakohl, 8 cm weißer Rettich, 10 EL Salz
1 Bund Frühlingszwiebeln
2 Knoblauchzehen
2 rote Chilischoten
2 grüne Chilischoten
4 cm Ingwer
5 EL helle Sojasauce
5 EL weißer Reisessig
2 EL brauner Zucker
2 EL Paprikapulver
Wasser

Tipp:
Das Rezept gilt auch für Kürbis und Spinat.

PFANNKUCHEN-VARIATIONEN
Guchul Pan

Von den Pilzen die Stiele entfernen, Köpfe in dünne Streifen schneiden, in wenig Öl schmoren, mit Salz, Chilipulver und etwas dunkler Sojasauce würzen. Rettich schälen, mittelfein raspeln, mit etwas Salz würzen. Karotte schälen, in hauchdünne Streifen schneiden, kurz in wenig Öl schmoren, mit etwas dunkler Sojasauce würzen. Die Garnelen entdarmen und mittelfein hacken. Knoblauch abziehen und zu den Garnelen reiben. Schweinefleisch anfrieren, in sehr dünne Streifen schneiden, in wenig Öl anbraten, mit etwas Chilipulver und Salz würzen. Den hellen und hellgrünen Teil der geputzten Frühlingszwiebeln in streichholzgroße Streifen schneiden. Ein paar Streifen würfeln und beiseite stellen. Alle Zutaten getrennt anrichten.
Für den Teig Eier schaumig schlagen. Salz, beide Mehle und Wasser einrühren, 10 Minuten quellen lassen. In etwas heißem Pflanzen- und Sesamöl in Wok oder Pfanne dünne Pfannkuchen backen und anrichten.
Für den Dip die gewürfelten Frühlingszwiebeln mit Essig, heller Sojasauce und Zucker mischen. Den Sesam rösten, im Mörser leicht zerreiben und mit der Sauce verrühren.

SÜSSSAURER KOHL
Kim Chi

Den geputzten Chinakohl längs vierteln, dann quer in 1 cm breite Streifen schneiden. Rettich schälen, halbieren, in dünne Scheiben hobeln. Beides mit 8 Esslöffeln Salz mischen und 24 Stunden ziehen lassen. – Danach von Hand kräftig durchkneten. Die Flüssigkeit abgießen, das Gemüse kurz abspülen. Die Frühlingszwiebeln putzen, in feinste Streifen schneiden, Knoblauch abziehen, fein würfeln. Chilischoten entkernen, fein schneiden, ebenso den geschälten Ingwer. Alle Zutaten mit dem Kohl mischen und in ein Steingutgefäß geben. Die helle Sojasauce mit Essig, Zucker, Paprikapulver, dem Rest Salz und etwas Wasser mischen. Diese Mischung über das Gemüse gießen und mit Wasser auffüllen, bis der Kohl bedeckt ist. Das Gemüse gut verschlossen im Keller 1 bis 3 Tage durchziehen lassen. – Zum Beispiel zu den Pfannkuchen servieren.

RINDFLEISCHSUPPE UND GURKENSUPPE

RINDFLEISCHSUPPE
8 getrocknete Shiitake-Pilze
500 g Rindfleisch (Bug)
80 g Glasnudeln
2 Bund Frühlingszwiebeln
2 Knoblauchzehen
1 EL Salz, 2 EL Honig
1 TL Chilipulver
6 EL helle Sojasauce
1 EL dunkles Sesamöl
1 rote Chilischote
1 grüne Chilischote
1 dicke Karotte
1 grüne Paprikaschote
3 cm Ingwer

GURKENSUPPE
500 g Hühnerflügel
1 Liter Wasser
2 Salatgurken
2 EL heller Reisessig
1 TL brauner Zucker
1 EL Salz
3 EL dunkle Sojasauce
2 EL helle Sojasauce
3 Frühlingszwiebeln
1 Knoblauchzehe
1 rote Chilischote
2 EL dunkles Sesamöl
2 EL Sesam
etwas Chilipulver

RINDFLEISCHSUPPE
Jukai Jang Kuk
Von den Pilzen die Stiele abbrechen, die Köpfe in ¼ Liter Wasser 20 Minuten einweichen. Das Fleisch in schmale Streifen schneiden. Die Glasnudeln mit 1 Liter heißem Wasser übergießen. Die Frühlingszwiebeln putzen und in sehr feine Scheiben schneiden. Den Knoblauch abziehen und fein hacken. Fleisch, Zwiebeln, Knoblauch, Salz, Honig, Chilipulver, Sojasauce und Sesamöl in einem Schälchen mischen.
Die Chilischoten entkernen und in feine Streifen schneiden. Die geschälte Karotte in Stifte, die geputzte Paprikaschote in Würfel schneiden. Den Ingwer schälen und fein würfeln. Die eingeweichten Pilze in Streifen schneiden. Die Nudeln abgießen und klein schneiden.
Das marinierte Fleisch im Wok oder in einer Pfanne 10 Minuten schmoren. Alle zerkleinerten Zutaten – bis auf die Nudeln – mit dem Pilzeinweichwasser zum Fleisch geben und 10 Minuten kochen. Das restliche Wasser erhitzen und zum Fleisch geben. Fleisch und Gemüse so lange garen, bis das Fleisch weich ist. Dann die Nudeln einrühren.

GURKENSUPPE
Naing Kuk
Die Hühnerflügel im Wasser 1 ½ Stunden kochen. Die Brühe abgießen, erkalten lassen und das Fett abheben. An den Gurken mit einem spitzen oder scharfen Messer Längsrillen anbringen und die derart gestreiften Gurken in dünne Scheiben hobeln.
Reisessig mit Zucker, Salz und den beiden Sojasaucen mischen und über die Gurken gießen. Von den geputzten Frühlingszwiebeln nur den hellen Teil sehr fein würfeln. Den dunkelgrünen Teil schräg in feine Ringe schneiden und beiseite legen. Den Knoblauch abziehen und fein hacken. Die Chilischote entkernen und in feine Ringe schneiden. Das Sesamöl erhitzen, Zwiebeln, Knoblauch und Chili darin bei milder Hitze 1 Minuten anschwitzen. Diese Mischung zu den Gurken geben und alles 3 Stunden ziehen lassen.
Den Sesam in einer trockenen Pfanne kurz rösten. Die erkaltete Hühnerbrühe über die Gurken gießen, mit Zwiebelgrün, Sesam und etwas Chilipulver bestreuen.

Die Gurkensuppe schmeckt am besten, wenn die Hühnerbrühe frisch gekocht wird.

GESCHMORTE SCHWEINERIPPCHEN
GEFÜLLTER TOFU

GESCHMORTE SCHWEINERIPPCHEN

1,2 kg Schweinerippchen
3 EL Sesam
2 EL Pflanzenöl
1 EL dunkles Sesamöl
2 Knoblauchzehen
5 Frühlingszwiebeln
3 cm Ingwer
6 EL dunkle Sojasauce
2 EL Reiswein (Sake)
2 EL brauner Zucker
1 TL Salz
Chilipaste
gut ¼ Liter Wasser
1 TL Maisstärke
1 Karotte

Tipp:
Servieren Sie dazu körnigen Reis und Kim Chi.

GEFÜLLTER TOFU

650 g Tofu
4 Knoblauchzehen
Salz{
Pflanzenöl zum Braten
250 g Tatar
4 cm Ingwer
3 Frühlingszwiebeln
8 EL dunkle Sojasauce
4 EL helle Sojasauce
3 TL brauner Zucker
2 Eier
4 EL Sesam
1 rote Chilischote
500 g Paksoi oder
Mangold
dunkles Sesamöl

GESCHMORTE SCHWEINE-RIPPCHEN

Kalbit Chim

Die Rippchen in 3 bis 4 cm große Stücke schneiden. Den Sesam in einer trockenen Pfanne kurz rösten, 2 EL im Mörser zerreiben, den Rest beiseite legen. Die Rippchen im heißen Öl rundherum kräftig anbraten, Sesamöl und -püree dazugeben.
Knoblauch abziehen, fein hacken. Frühlingszwiebeln putzen, das Dunkle schräg in schmale Ringe schneiden, beiseite stellen.
2 Frühlingszwiebeln an beiden Enden faserig einschneiden und in kaltes Wasser legen. Den Rest Zwiebeln fein schneiden. Ingwer schälen und fein würfeln. Knoblauch, klein geschnittene Frühlingszwiebeln, Ingwer, Sojasauce, Reiswein, Zucker, Salz, Chilipaste und Wasser zum Fleisch geben, gut mischen. Bei milder Hitze in etwa 60 Minuten garen. Maisstärke mit wenig kaltem Wasser anrühren, die Schmorflüssigkeit damit binden. Karotte schälen, in hauchdünne, lange Streifen schneiden. Die Rippchen mit dem Rest Sesam bestreuen, mit Zwiebelgrün, eingeweichten Frühlingszwiebeln und Karottenstreifen garnieren.

GEFÜLLTER TOFU

Dubu Chongul

150 g Tofu mit einer Gabel zerdrücken. Den Rest Tofu in ½ cm dicke Platten schneiden. Knoblauch abziehen, fein hacken. Tofuplatten mit Salz bestreuen. Etwas Knoblauch in etwas Öl erhitzen, Tofuplatten darin nacheinander leicht anbraten.
Tatar mit zerdrücktem Tofu und etwas Knoblauch mischen. Ingwer schälen, zum Tatar reiben. Frühlingszwiebeln putzen, das Helle in feine Scheiben schneiden. Die Hälfte Zwiebeln mit Tatar mischen, mit etwas Salz, der Hälfte beider Sojasaucen und 2 TL Zucker mischen.
Die Tofuplatten mit Füllung bestreichen, zu 2 Päckchen zusammensetzen. Eier verrühren, Tofu durchs Ei ziehen, im Sesam wälzen. Sesam andrücken, die Päckchen in reichlich heißem Öl beidseitig goldbraun braten.
Chili entkernen, fein schneiden. Paksoi oder Mangold putzen, in schmale Streifen schneiden. In ganz wenig Wasser mit dem Rest Sojasaucen, Knoblauch, Zwiebelringen, Salz, Zucker und Chili weich schmoren, mit Sesamöl beträufeln. Die gefüllten Tofupäckchen schräg halbieren, auf das Gemüse setzen.

GEFÜLLTER TINTENFISCH

FÜR 2 PERSONEN
2 große oder 4 kleine
Tintenfische
2 getrocknete Shiitake-
Pilze
¼ Liter warmes Wasser
2 Bund Frühlingszwiebeln
100 g Mungbohnen-
sprossen
1 Karotte
4 Knoblauchzehen
2 cm Ingwer
2 EL helles Sesamöl
125 g Tatar
2 EL dunkles Sesamöl
Salz
2 TL brauner Zucker

Dip:
6 EL Sesam
150 ml dunkle Sojasauce
4 EL Limettensaft

Pflanzenöl zum Frittieren

OJINGU SUNDAE

Tintenfische putzen, Kopf abtren-
nen, harte Innenteile, äußere
Haut und Flossen entfernen. Die
Tentakeln klein schneiden. Von
den Pilzen den Stiel entfernen,
die Pilze 20 Minuten im Wasser
einweichen. Die Pilzköpfe
danach in schmale Streifen
schneiden.
Frühlingszwiebeln putzen. Von
3 Zwiebeln den hellen Teil sehr
fein schneiden. Den Rest Zwiebeln längs nach mit etwa der
Hälfte des dunkelgrünen Teils in
schmale, lange Streifen schneiden. Die Sprossen abbrausen, die
Hälfte klein schneiden. Den Rest
mit den Frühlingszwiebelstreifen
auf einer Platte anrichten.
Die Karotte schälen und grob
raspeln. Knoblauch und Ingwer
schälen und fein schneiden. Das
helle Sesamöl erhitzen und Tentakeln, Pilze, Zwiebeln, Sprossen,
Karotte, die Hälfte des Knoblauchs, den ganzen Ingwer und
das Tatar unter Rühren 5 Minuten schmoren.
Die Füllung mit etwas dunklem
Sesamöl, Salz und der Hälfte des
Zuckers abschmecken. Die Tintenfische füllen, mit Holzspießen
verschließen und im Dämpfkorb
über dem Pilzeinweichwasser
10 bis 12 Minuten garen.

Für den Dip den Sesam kurz
rösten und im Mörser zerreiben.
Mit dem restlichen Knoblauch,
Zucker, etwas Salz, dunklem
Sesamöl, Sojasauce und Limettensaft verrühren.
Das Pflanzenöl in einer Fritteuse
in einem Topf erhitzen und die
gedämpften Tintenfische darin
goldgelb frittieren, in Scheiben
schneiden und auf dem Zwiebelgrün und den Sprossen anrichten.
Mit etwas Dip bestreichen und
den restlichen Dip getrennt dazureichen.

Korea

HONIGPLÄTZCHEN
INGWERTEE

HONIGPLÄTZCHEN

250 g Weizenmehl
8 EL Reiswein (Sake)
5 EL dunkles Sesamöl
3 cm Ingwer
180 g Honig
2 EL brauner Zucker
etwas Salz
1 EL Zimtpulver
2 Messerspitzen Muskat-
blüte
Pflanzenöl zum Frittieren
2 Limetten
150 ml Wasser
3–4 EL Pinienkerne

INGWERTEE

250 g Ingwer
1 Liter Wasser
150 g koreanische Datteln
(oder anderer Herkunft)
150 g Akazienhonig
1 Zitronenscheibe
3 EL Pinienkerne
etwas Zimtpulver
nach Bedarf Eiswürfel

Tipp:
*Koreanische Datteln
müssen eingeweicht bzw.
gekocht werden.
Für dieses Getränk eignen
sich auch die bei uns ge-
bräuchlichen Datteln. Sie
werden halbiert, entkernt
und nur kurz gegart.*

HONIGPLÄTZCHEN

Jakkwa

Das Mehl mit dem Reiswein und
4 Esslöffeln dunklem Sesamöl
grob mischen. Ingwer schälen
und fein zum Mehl reiben.
3 Esslöffel Honig, den Zucker,
etwas Salz, Zimt und Muskatblüte
hinzufügen und alles zu einem
glatten Teig verkneten. Bei Bedarf
noch etwas Öl dazugeben.
Den Teig bei Zimmertemperatur
30 Minuten ruhen lassen.
Danach zwischen Frischhaltefolie
dünn ausrollen und runde Plätzchen ausstechen. Mit einem
schmalen Messerrücken sternför-
mige Rillen auf der Oberfläche
anbringen.
Das Öl in einer Fritteuse oder in
einem hohen Topf erhitzen und
die Plätzchen darin goldgelb frittieren. Auf Küchenpapier entfetten.
Die Limetten waschen, trockenreiben und die Schale einer halben Frucht abreiben. Die Früchte
gründlich schälen und mit einem
scharfen Messer die Filets lösen.
Das Fruchtfleisch fein hacken
und mit dem Saft, der abgeriebenen Schale, dem restlichen Honig
und dem Wasser 3 Minuten
köcheln lassen.
Den süßsauren Sud abkühlen
assen und die Plätzchen darin

2 Stunden ziehen lassen. Die
Pinienkerne grob hacken, über
die durchgezogenen Plätzchen
streuen und kühl stellen.

INGWERTEE

Soo Chunkwa

Den Ingwer schälen und in sehr
feine Scheiben hobeln. Mit 1
Liter Wasser zum Kochen bringen und bei geringer Hitze im
geschlossenen Topf 20 Minuten
köcheln lassen.
Den Tee abseihen. Die koreanischen Datteln in dem Ingwertee
weich kochen und zum Abkühlen
beiseite stellen. Andere Datteln
10 Minuten in dem heißen
Ingwertee ziehen lassen, dann
entsteinen und in Streifen
schneiden.
Nun den Honig in dem Ingwertee
bei milder Hitze auflösen, die
Zitronenscheibe hinzufügen und
den Tee kalt stellen. Die Zitronenscheibe entfernen. Nach
Belieben mit etwas Wasser verdünnen.
Pinienkerne leicht rösten. Den
Tee in Gläser gießen, nach
Geschmack 1 bis 2 Eiswürfel
dazugeben, mit ein paar Pinien-
kernen und mit etwas Zimt
bestreuen.
Nach Belieben die Datteln im Tee
oder getrennt servieren.

CHINA

Ein großes Land mit einer großen Kochkultur. Kenner behaupten, es gibt nur zwei echte Küchen auf der Welt, eine davon ist die chinesische. Weltberühmt sind Frühlingsrollen und Pekingente mit Mandarinpfannkuchen. Und das erste Nudelgericht garte in einem Wok.

NUDELSUPPE
SAUERSCHARF-SUPPE

NUDELSUPPE

4 getrocknete Wolkenohr-
pilze (Mu-Err-Pilze)
180 ml (1 Tasse)warmes
Wasser, 50 g chinesische
Eiernudeln
1 Bund Frühlingszwiebeln
120 g (1 Tasse) tiefgekühlte Erbsen
1 Stange Staudensellerie
1 kleine rote Paprikaschote
1 Liter Hühnerbrühe
2 cm frische Kurkuma-
wurzel
200 g Hähnchenbrustfilet
3 cm Ingwer
1 TL Tomatenmark
1 EL dunkle Sojasauce
1 TL heller Reisessig
Salz, brauner Zucker
½ TL Sichuanpfefferkörner

SAUERSCHARF-SUPPE

4 getrocknete Tongku-Pilze
(Shiitake-Pilze)
180 ml warmes Wasser
2 rohe Riesengarnelen
ohne Kopf
2 EL Maisstärke
1 kleine Lauchstange
1 rote Chilischote
1 kleine Karotte
75 g Bambussprossen,
frisch oder aus der Dose
4 EL Pflanzenöl
1 EL dunkles Sesamöl
¾ Liter Hühnerbrühe
1 EL dunkle Sojasauce
1 EL heller Reisessig
1 TL brauner Zucker
Salz, 1 Ei

NUDELSUPPE

Sichuan Tang
Die Pilze im warmen Wasser
20 Minuten einweichen, danach
in schmale Streifen schneiden,
das Einweichwasser beiseite
stellen. Die Nudeln in reichlich
Wasser garen, abgießen.
Das Helle der geputzten Frühlingszwiebeln in schmale Streifen, das Dunkle schräg in dünne
Röllchen schneiden. Erbsen auftauen lassen. Sellerie abfädeln,
in dünne Scheiben, geputzte
Paprikaschote in kleine Rauten
schneiden.
Hühnerbrühe mit Einweichwasser, Pilzen und Gemüse bis auf
die Zwiebelröllchen aufkochen.
Kurkumawurzel schälen, zum
Gemüse geben. Alles 8 Minuten
garen. Hähnchenbrustfilet klein
würfeln, geschälten Ingwer
fein hacken. Beides in der Brühe
2 Minuten mitgaren.
Tomatenmark, Sojasauce und
Essig mischen und in die Suppe
einrühren. Die Nudeln in der
Suppe erhitzen. Alles mit Salz,
Zucker und im Mörser zerriebe-
nen Pfefferkörnern würzen. Zum
Schluss mit den Zwiebelröllchen
bestreuen.
Statt mit Hähnchenbrust gelingt
die Suppe auch mit Tofuwürfeln

SAUERSCHARF-SUPPE

Suan La Xia Geng Tang
Von den Pilzen die Stiele abbrechen, die Köpfe im Wasser 20
Minuten quellen lassen, danach
in feinste Streifen schneiden, das
Einweichwasser beiseite stellen.
Die Garnelen aus dem Panzer
brechen, entdarmen, mit etwas
Maisstärke bestreuen. Vom
geputzten Lauch das Helle in
feine Scheiben, die Chilischote
in Ringe, die geschälte Karotte
in lange, zarte Streifen, Bambussprossen in dünne Stifte schneiden.
Im Wok 3 Esslöffel Öl mit etwas
Sesamöl erhitzen, die Garnelen
darin 2 Minuten braten, herausnehmen, abtupfen und nochmals
1 Minute braten. Das restliche Öl
in den Wok geben, das Gemüse
und die Pilze darin unter Rühren
5 Minuten schmoren.
Einweichwasser und Hühnerbrühe angießen, alles 5 Minuten
kochen. Sojasauce mit der restlichen Maisstärke, Essig, Zucker
und Salz verrühren. Das Ei mit
etwas Salz mischen.
Die Suppe mit der angerührten
Maisstärke binden, einmal aufkochen lassen, das Ei langsam ein-
fließen lassen. Die Garnelen in
dünne Scheiben schneiden und
zur Suppe geben.

SÜSSSAURES SCHWEINEFLEISCH
ENTENBRUST MIT GEMÜSE

SÜSSSAURES SCHWEINEFLEISCH

650 g Schweinefilet
2 EL dunkle Sojasauce
1 TL dunkles Sesamöl
1 Knoblauchzehe
Salz, 2 EL Maisstärke
1 großes Ei
4 EL Schweineschmalz
oder Pflanzenöl
2 cm Ingwer
1 Lauchstange, 1 Karotte
4 EL Wasser
2 EL helle Sojasauce
3 EL Tomatenmark
1 EL heller Reisessig
2 EL Reiswein (Sake)
1 EL brauner Zucker
Chilipulver
4 junge Maiskölbchen aus
der Dose, Koriandergrün

ENTENBRUST MIT GEMÜSE

2 Entenbrüste
2 EL Pflanzenöl
1 EL dunkles Sesamöl
4 cm Ingwer
4 Sternanis, Salz
je 50 g scharfe und süße
Bohnenpaste
1 Glas chinesische Stock-
schwämmchen (Nameko-
Pilze, EW 155 g)
4 EL Reiswein (Sake)
1 TL Reisessig
Chilipulver
¾ Liter Hühnerbrühe
500 g Brokkoli
50 g ungesalzene Erdnüsse
4 Tomaten
1 Riesenrettich

SÜSSSAURES SCHWEINE-FLEISCH
Gu Loa Rou

Das Fleisch in 1 cm dicke Scheiben schneiden, diese halbieren.
Für die Marinade die dunkle Sojasauce mit Sesamöl und abgezoge-
nem, zerdrücktem Knoblauch
verrühren. Das Fleisch damit
mischen und 1 Stunde kühl stellen. Danach salzen, mit 1 Esslöffel Maisstärke und dem ver-
quirlten Ei vermengen.
Das Fett im Wok erhitzen und
das Fleisch darin nach und nach
in 1 bis 2 Minuten knusprig braten. Fleisch herausnehmen, Fett
bis auf einen Rest wegschütten.
Ingwer schälen und fein hacken,
Lauch putzen und in feine Scheiben schneiden, geschälte Karotte
längs in hauchdünne, lange Streifen hobeln. Die helle Sojasauce
mit Tomatenmark, Reisessig,
Reiswein, Zucker und der restlichen Maisstärke verrühren.
Ingwer, Lauch, Karotte und etwas
Wasser im heißen Wok unter
Rühren 3 Minuten schmoren.
Die angerührte Sojasauce dazugeben, einmal aufkochen lassen.
Das Fleisch mit der Sauce mischen und noch einmal erhitzen.
Mit Chilipulver und Salz abschmecken, mit Maiskölbchen
und Koriandergrün anrichten.

ENTENBRUST MIT GEMÜSE
Jiang Zhi Ya Kuai

Das Fleisch in 3 cm große Würfel
schneiden. Beiden Ölsorten im
Wok erhitzen. Ingwer schälen
und in Scheiben schneiden. Mit
dem Sternanis ins Öl geben und
kurz rösten. Die Fleischwürfel
darin nach und nach 3 Minuten
goldbraun braten, beiseite legen,
salzen. Beide Bohnenpasten in
dem Fett bei milder Temperatur
mischen. Die Stockschwämmchen abgießen und kurz
abspülen. Pilze, Reiswein, Essig
und etwas Chilipulver in die
Bohnensauce einrühren. Die
Hälfte Brühe dazugießen und
die Fleischwürfel darin 10 bis
12 Minuten garen. Nach Bedarf
Brühe noch zugeben.
Den Brokkoli in Röschen teilen,
etwa 10 Minuten in kaltem Wasser liegen lassen, abtropfen lassen. Die Erdnüsse in einer fettfreien Pfanne rösten. Brokkoli in
etwas Brühe bissfest garen. Die
Tomaten vierteln, entkernen und
in Spalten schneiden. Den Rettich nach Belieben zu 4 anmutigen Blüten schnitzen.
Beim Anrichten die Brokkoli-
röschen um das Fleisch legen.
Mit Tomatenspalten und Rettich-
blüten garnieren und mit den
gerösteten Erdnüssen bestreuen.

GEMÜSE AUS DEM WOK
GEBRATENER REIS

GEMÜSE AUS DEM WOK

4 getrocknete Wolkenohr-
pilze (Mu-Err-Pilze)
180 ml (1 Tasse) warmes
Wasser
1 Dose Reisstrohpilze (EW
210 g)
1 Baby-Paksoi
175 g Bambussprossen,
frisch oder aus der Dose
250 g Brokkoli
120 g (1 Tasse) tiefgekühlte Erbsen
1 große Karotte
4 Frühlingszwiebeln
1 Knoblauchzehe
1 Kaffirlimette
3 cm Ingwer
4 EL Pflanzenöl
1 EL Sesamöl
1 EL helle Sojasauce
1 EL Austernsauce
Salz
Sichuanpfeffer aus der
Mühle

GEBRATENER REIS

250 g Langkornreis
etwa 1 Liter Wasser
75 g grüne Bohnen
1 Bund Frühlingszwiebeln
150 g gekochter Schinken
75 g Salatgurke
2 Tomaten
1 rote Chilischote
2 Eier, Salz
1 TL dunkles Sesamöl
4 EL Pflanzenöl
200 g gekochte, geputzte
Garnelen
helle Sojasauce

GEMÜSE AUS DEM WOK
Zhiwu Si Bag

Die Wolkenohrpilze im Wasser
20 Minuten einweichen, danach
in Streifen schneiden, Flüssigkeit
beiseite stellen. Reisstrohpilze
abgießen und abtropfen lassen.
Paksoi putzen und längs in Streifen, Bambussprossen in Stifte
schneiden. Verlesenen Brokkoli
in kleine Röschen teilen. Erbsen
auftauen lassen. Karotte schälen
und schräg in dünne Scheiben
schneiden. Geputzte Frühlingszwiebeln klein schneiden. Knoblauch abziehen, fein hacken. Von
der gewaschenen Kaffirlimette
die Hälfte der Schale abschneiden. Ingwer schälen, fein hacken.
Im Wok 2 EL Pflanzenöl erhitzen
und zuerst die Karotte 1 Minute
braten. Das restliche Öl und das
Sesamöl hinzufügen, ebenso
Bambussprossen, Brokkoli, Erbsen, Frühlingszwiebeln, Knoblauch, Kaffirschale, Ingwer und
Paksoi dazugeben und alles unter
Rühren 5 Minuten schmoren.
Die Pilze und das Einweichwasser zum Gemüse geben und
weitere 5 Minuten garen.
Mit Sojasauce, Austernsauce,
Salz und Sichuanpfeffer pikant
abschmecken, gekochten Reis
oder gekochte Nudeln dazureichen

GEBRATENER REIS
Huo Tui Fan Qui Chao Fan

Den Reis gründlich unter kaltem
Wasser abspülen. In einem Topf
mit Wasser begießen, bis es 1 cm
über dem Reis steht. Den Reis im
geschlossenen Topf 20 Minuten
garen. Danach umfüllen und über
Nacht kühl stellen.
Bohnen putzen, schräg in Stücke
schneiden. Helle und hellgrüne
Teile der geputzten Frühlingszwiebeln schräg in feine Scheiben, Schinken in schmale Streifen schneiden. Gurke schälen,
halbieren, entkernen und klein
würfeln. Tomaten häuten, entkernen und würfeln. Chilischote
entkernen und fein hacken.
Die Eier mit etwas Salz und dem
Sesamöl verrühren. Im Wok
1 Esslöffel Pflanzenöl erhitzen
und das Ei darin unter Rühren
stocken lassen, herausnehmen
und klein schneiden.
Das restliche Öl in den Wok
gießen. Zunächst darin die Bohnen 1 Minute braten, dann die
Zwiebeln weich schmoren.
Schinken, Gurke, Tomate und
Chili hinzufügen und 3 Minuten
braten, mit Salz abschmecken.
Den Reis zum Gemüse geben,
rundherum anbraten, Garnelen,
Rührei und Sojasauce dazugeben
und erhitzen.

KRISTALLGARNELEN
FORELLE MIT ERDNÜSSEN

KRISTALLGARNELEN

1 kg große Garnelen mit Kopf
½ Liter Wasser
2 Knoblauchzehen
1 Chilischote
2 EL helle Sojasauce
2 EL Austernsauce
500 g Lauch
1 rote Paprikaschote
Salz, Chilipulver
2 Eiweiß, 2 EL Maisstärke
Dip: 2 cm Ingwer
1 Frühlingszwiebel
1 EL Reiswein (Sake)
1 TL dunkles Sesamöl
brauner Zucker
Pflanzenöl zum Frittieren

FORELLE MIT ERDNÜSSEN

Für 2 Personen
2 getrocknete weiße Wolkenohren (White Champignons)
2 Liter warmes Wasser
1 Lachsforelle (ca. 600 g)
Salz, 1 Knoblauchzehe
1 Frühlingszwiebel
5 cm Ingwer
1 rote Chilischote
2 EL Pflanzenöl
1 EL scharfe Bohnenpaste
400 ml Fischfond
40 g geschälte ungesalzene Erdnüsse
1 EL helle Sojasauce
1 TL heller Reisessig
2 EL Reiswein (Sake)
1 EL dunkles Sesamöl
1 TL brauner Zucker
1 Karotte, Salatblätter

KRISTALLGARNELEN
Ruan Zha Da Xia

Die Garnelen aus dem Panzer brechen, Köpfe und Därme entfernen. Garnelenköpfe und -panzer im Wasser aufkochen. Knoblauch abziehen, klein schneiden, Chili in Ringe schneiden. Beides mit heller Sojasauce und der Hälfte Austernsauce zu den Garnelen geben, 30 Minuten köcheln, dann abseihen.

Das Helle des Lauchs waschen, Paprikaschote putzen, in schmale Streifen schneiden. Beides in der Brühe 5 Minuten garen. Lauch längs vierteln, Gemüse auf einer Platte anrichten.

Garnelen mit 1 EL Salz und etwas Chilipulver einreiben, 10 Minuten ruhen lassen, abwaschen und trockentupfen. Eiweiß leicht anschlagen, mit Maisstärke verrühren. Die Garnelen in den Teig legen, 15 Minuten kühl stellen.

Für den Dip Ingwer schälen, fein würfeln, in die Garnelenbrühe geben, diese auf 125 ml einkochen. Das Zarte der Frühlingszwiebel sehr klein schneiden. Zwiebelwürfel mit dem Rest Austernsauce, Reiswein und Sesamöl in die Brühe geben. Mit Salz und Zucker abschmecken, kühl stellen. – Reichlich Öl im Wok erhitzen, die Garnelen darin portionsweise goldgelb frittieren und auf dem Gemüse anrichten.

FORELLE MIT ERDNÜSSEN
Hua Sheng Shao Yu

Die Pilze im Wasser 30 Minuten einweichen, dann im Einweichwasser 30 bis 35 Minuten garen. Den Fisch waschen, auf beiden Seiten 4-mal schräg einschneiden, leicht salzen. Knoblauch abziehen, fein hacken. Das Helle der geputzten Frühlingszwiebel fein würfeln, das Grüne ganz klein schneiden, beiseite legen. Ingwer schälen, Chilischote entkernen, beides klein schneiden. Das Öl in einer Pfanne erhitzen, den Fisch darin auf jeder Seite 1 Minute braten, herausnehmen. Knoblauch, Zwiebelwürfel, 1 TL Ingwer, Chili, Bohnenpaste, Fischfond und Erdnüsse in die Pfanne geben. Den Fisch im Fond 10 bis 15 Minuten garen, danach warm halten. Die Sauce auf etwa 100 ml einkochen, restliche Würzzutaten einrühren, mit Salz abschmecken.

Karotte schälen und in lange, dünne Streifen schneiden. Die Salatblätter auf eine Platte legen, darauf den Fisch, warme Pilze und Karottenstreifen legen. Den Fisch mit der Sauce überziehen.

MANDELPUDDING
MELONENKALTSCHALE

MANDELPUDDING

7 Blatt weiße Gelatine
½ Liter Milch
125 ml süße Sahne
5 EL Mandelmus
4 EL brauner Zucker
12 geschälte Mandeln
4 Litschis
4 Himbeeren
4 Scheiben Ananas

MELONENKALT-SCHALE

125 g Honig
¾ Liter Wasser
2 cm Ingwer
2 EL Reiswein (Sake)
1 Wassermelone, gut 2 kg
2 reife Pfirsiche
200 g Kirschen oder Himbeeren
2 Mandarinen
1 reife Birne

Tipp:

Es sieht besonders hübsch aus, wenn Sie die Melone wellen- oder zackenförmig ausschneiden und die äußere Schale mit anmutigen Blüten und Gräsern „bemalen", indem Sie die dunkle Schale einritzen.

MANDELPUDDING

Hung Yum Cha

Die Gelatine 10 Minuten in kaltem Wasser einweichen. Die Milch mit der Sahne zum Kochen bringen.

Die Gelatine gut ausdrücken und in der heißen, aber nicht kochenden Milch durch gleichmäßiges Rühren auflösen. Das Mandelmus und den Zucker einrühren. Den Pudding in eine flache Form gießen und im Kühlschrank fest werden lassen.

Die Mandeln in einer fettfreien Pfanne leicht rösten. Die Litschis schälen, die Himbeeren putzen, die Ananasscheiben halbieren. Den Mandelpudding in Rauten schneiden und auf einem Teller zu einer Blüte zusammensetzen. Mandeln und Früchte dekorativ dazusetzen.

*D*ie chinesische Hausfrau besitzt natürlich kein fertiges Mandelmus. Sie reibt und mahlt die süßen Mandeln so lange, bis ein fettreicher Brei entstanden ist. Dieses Mus wird mit einer Mischung aus Wasser, Milch und Sahne, Zucker und Agar-Agar gekocht.

MELONENKALTSCHALE

Shi Jin Gua Zhong

Honig und Wasser erhitzen. Ingwer schälen, in Scheiben schneiden und mit dem Honigwasser 5 Minuten kochen. Mit dem Reiswein mischen und kühl stellen. Von der Melone wellen- oder zackenförmig einen Deckel abschneiden. Die Melone nach Belieben außen verzieren. Große Fruchtfleischstücke herauslösen, dabei einen nicht zu dünnen Rand stehen lassen. Die Melone kühl stellen. Etwa 200 g Melonenfleisch entkernen und würfeln. Die Pfirsiche kurz in kochendes Wasser tauchen, dann lässt sich die Haut leichter abziehen. Die Früchte halbieren, den Kern entfernen und die Pfirsiche in Spalten schneiden. Die Kirschen vom Stiel befreien. Die Mandarinen schälen und in einzelne Segmente trennen. Die Mandarinenscheiben mehrmals mit einer Gabel anstechen. Die Birne schälen, entkernen und würfeln.

Den Ingwer aus dem Honigwasser entfernen. Alle Früchte zum Honigwasser geben und kühlen. Kurz vor dem Servieren die Früchte in die gekühlte Melone geben und mit Honigwasser auffüllen.

PHILIPPINEN

Hier kommt Ihnen etwas spanisch vor? Richtig, nicht nur die Chinesen haben in der philippinischen Küche ihre Spuren hinterlassen, sondern auch die Spanier. Und doch schmeckt hier alles ein bisschen würziger und schärfer. Unwiderstehlich die zuckersüßen Sachen zur Merienda, der Teestunde, mit duftendem Kaffee und köstlicher Schokolade.

GEFÜLLTE TEIGTASCHEN GARNELENBÄLLCHEN

GEFÜLLTE TEIGTASCHEN
Teig:
500 g Mehl
300 ml Wasser
125 ml Olivenöl, 2 Eier
1 TL brauner Zucker
1 TL Salz
2 EL flüssige Butter

Füllung:
200 g Schweinebauch
200 g Hähnchenbrustfilet
2 Schalotten
2 Knoblauchzehen
1 Chilischote
50 g Mungbohnensprossen
2 EL Schweineschmalz
2 EL gesalzene Erdnüsse
2 hart gekochte Eier
2 EL gehacktes Koriander-
grün
2 EL Tomatenmark

1 Eiweiß
Schweineschmalz oder Öl
zum Frittieren

GARNELENBÄLLCHEN
300 g rohe Garnelen ohne
Kopf
150 g Mehl
2 Eier
Wasser
2 Knoblauchzehen
1 grüne Chilischote
3 Frühlingszwiebeln
1 EL Fischsauce
Salz
Pflanzenöl zum Frittieren
süßsaure Chilisauce

GEFÜLLTE TEIGTASCHEN
Empanadas
Für den Teig das Mehl mit Wasser, Öl, Eiern, Zucker und Salz zu einem glatten Teig verkneten. Den Teig unter einer Schüssel 30 Minuten ruhen lassen. Den Teig zwischen Frischhaltefolie dünn zu einem Rechteck (20 x 30 cm) ausrollen, mit etwas Butter bestreichen, aufrollen, kurz kühl stellen, dann in 2 bis 3 cm dicke Scheiben schneiden.
Für die Füllung das Fleisch durch die feine Scheibe des Fleischwolfs drehen. Schalotten und Knoblauch abziehen, fein würfeln. Chilischote entkernen, hacken. Sprossen abbrausen, grob hacken. Das Schweineschmalz erhitzen, alle Zutaten darin unter Rühren 5 Minuten braten. Erdnüsse und Eier hacken. Mit Koriandergrün und Tomatenmark zum Fleisch geben und mit Salz abschmecken.
Die Teigstücke dünn zu rund 12 cm großen Kreisen ausrollen. Die Ränder mit Eiweiß bestreichen, etwas Füllung in die Mitte setzen, zusammenklappen. Die Ränder mit einer Gabel festdrücken. Reichlich Fett in einer Fritteuse oder einem hohen Topf erhitzen, die Teigtaschen darin nach und nach goldgelb frittieren.

GARNELENBÄLLCHEN
Ukoy
Die Garnelen aus den Panzern lösen und entdarmen. Etwa $2/3$ der Garnelen pürieren, den Rest hacken. Beides mischen und kühl stellen.
Das Mehl mit den Eiern verrühren und so viel kaltes Wasser hinzufügen, dass ein weicher, aber formbarer Teig entsteht. Den Teig 20 Minuten ruhen lassen.
Knoblauch abziehen und sehr fein hacken. Chilischote entkernen und ebenfalls fein hacken. Das Helle der geputzten Frühlingszwiebeln in streichholzlange und sehr dünne Streifen schneiden. Dunkles Zwiebelgrün schräg in Röllchen schneiden und beiseite stellen.
Den Teig mit den Garnelen, Knoblauch, Chili, hellem Zwiebellauch, Fischsauce und etwas Salz mischen.
Das Öl in einer Fritteuse oder in einem hohen Topf erhitzen. Mit 2 Teelöffeln kleine Teigbällchen abstechen und in dem heißen Fett goldbraun frittieren. Auf Küchenpapier entfetten und auf einer Platte anrichten. Mit Zwiebelgrün und süßsaurer Chilisauce anrichten.

Philippinen

SAURER RINDFLEISCHEINTOPF
HÜHNERSUPPE MIT TEIGTASCHEN

SAURER RIND-FLEISCHEINTOPF

500 g Hühnerflügel
500 g Rindfleisch (Bug)
350 g Halskotelett vom Schwein
1,5 Liter Wasser, 1 EL Salz
2 EL Tamarindenmark
1 große Zwiebel
1 grüne Mango
1 Karambole (Sternfrucht)
1 Knoblauchzehe
3 Tomaten, 1 Süßkartoffel
200 g Chinakohl
1 Limette
2 EL Fischsauce
frisch gemahlener Pfeffer

HÜHNERSUPPE MIT TEIGTASCHEN

1 Hähnchen (1 kg)
3,5 Liter Wasser
2 TL Salz, 2 cm Ingwer
1 grüne Chilischote

20 Won-Tan-Hüllen
Füllung: 1 Schalotte
1 Knoblauchzehe
1 EL Pflanzenöl
500 g rohe Garnelen ohne Kopf, 200 g Schweine-hackfleisch
1 rote Chilischote, 25 g Wasserkastanien (Dose)
3 EL dunkle Sojasauce

1 EL Austernsauce
1 Frühlingszwiebel in Streifen geschnitten
nach Belieben Koriander-grün zum Bestreuen

RINDFLEISCHEINTOPF
Sinigang
Fleisch mit Wasser und Salz zum Kochen bringen – aufsteigenden Schaum einmal abschöpfen – und bei milder Hitze 1 ½ bis 2 Stunden garen. – Fleisch herausnehmen, in Streifen schneiden. Hühnerflügel wegwerfen.
Tamarindenmark mit etwas heißer Brühe verrühren, durch ein Sieb streichen. Zwiebel abziehen, würfeln. Mango in schmalen Spalten vom Stein, Sternfrucht in Scheiben schneiden. Knoblauch abziehen, fein hacken. Tomaten waschen, vom Stielansatz befreien, dann achteln. Süßkartoffel schälen, in 3 cm große Würfel schneiden. Chinakohl putzen, in breite Streifen schneiden.
Brühe wieder erhitzen, Tamarindenmark einrühren, Gemüse und Früchte darin 20 Minuten garen. Limette waschen, trockenreiben, achteln. Mit dem Fleisch zum Eintopf geben und aufkochen. Den Eintopf mit Fischsauce, Salz und Pfeffer abschmecken

HÜHNERSUPPE MIT TEIGTASCHEN
Pancit Molo
Das Hähnchen vierteln, waschen, in 1,5 Liter Wasser mit 1 TL Salz aufkochen. Ingwer schälen, in dünne Scheiben schneiden, Chilischote aufschlitzen. Beides zum Hähnchen geben, 30 Minuten garen. – Bruststücke herausnehmen, Keulen noch 45 Minuten kochen. – Die Brühe abseihen. Fleisch von Haut und Knochen befreien, in schmale Streifen schneiden. Die Won-Tan-Hüllen mit feuchtem Tuch abdecken.
Für die Füllung Schalotte und Knoblauch abziehen, fein würfeln, im heißen Öl weich schmoren. Garnelen aus dem Panzer brechen und entdarmen. Die Hälfte Garnelen fein hacken, mit Hackfleisch zu den Zwiebeln geben, braten. Chili entkernen und wie die Wasserkastanien fein hacken. Beides mit dem Fleisch mischen, mit 1 EL Sojasauce und Salz abschmecken.
Je etwas Füllung auf 1 Won-Tan-Hülle legen, Ränder mit Wasser anfeuchten, zu einem Dreieck legen, Spitzen aneinander drücken, eine obere Spitze über die Füllung legen.
Restliches Wasser mit Salz aufkochen, die Won-Tans darin 3 Minuten ziehen lassen. – Hühnerbrühe wieder aufkochen, mit Salz, Rest Soja- und Austernsauce abschmecken. Fleischstreifen, Garnelen, Won-Tans und die Frühlingszwiebel dazugeben.

Philippinen

HÄHNCHEN-ADOBO
GESCHMORTES RINDFLEISCH

HÄHNCHEN-ADOBO

1 Poularde (1,5 kg)
4 Knoblauchzehen
3 frische Lorbeerblätter
1 TL schwarze Pfeffer-
körner
1 TL Anattosamen
1 TL Korianderkörner
4 EL dunkle Sojasauce
1 TL brauner Zucker
5 EL heller Reisessig
1/8 Liter Pflanzenöl
1 TL Salz
1 TL Chilipulver
1/8 Liter Hühnerbrühe
1 Tasse Kokosmilch
1 Ananas
3 Tomaten
Koriandergrün

GESCHMORTES
RINDFLEISCH

1 kg Rindfleisch (Bug)
4 EL Schweineschmalz
oder Pflanzenöl
2 EL Tomatenmark
6 Knoblauchzehen
500 g Zwiebeln
3 cm Ingwer
4 frische Lorbeerblätter
4 EL heller Reisessig
2 EL dunkle Sojasauce
1/2 Liter Fleischbrühe
1 TL brauner Zucker
Salz
500 g Tomaten
1 TL schwarze Pfeffer-
körner
1 Frühlingszwiebel

HÄHNCHEN-ADOBO

Pollo Adobo

Die Poularde in 8 gleich große Stücke schneiden. Knoblauch abziehen und fein hacken. Lorbeerblätter zweimal einschneiden, damit sich das Aroma besser entfalten kann. Pfefferkörner grob mörsern.

Knoblauch, Lorbeer, Pfeffer, Anattosamen, Korianderkörner, Sojasauce, Zucker und 80 ml Öl mit Essig mischen und die Hähnchenteile damit begießen, gekühlt 4 Stunden ziehen lassen.

Das marinierte Fleisch mit Salz und Chilipulver würzen. Mit der Brühe begießen und im geschlossenen Topf 30 bis 40 Minuten garen. Fleisch herausnehmen und abtropfen lassen. Restliches Öl erhitzen und das Fleisch darin rundherum knusprig braten.

Die Kokosmilch zur Brühe gießen. Die Ananas schälen, halbieren, den Strunk entfernen und die Hälfte in Scheiben, die andere Hälfte in kleine Stücke schneiden. Die gewaschenen Tomaten ohne Stielansatz achteln. Jeweils die Hälfte der Ananas- und Tomatenstücke zur Kokosmilch geben und alles cremig einkochen.

Das Fleisch auf einer Platte mit der Sauce begießen, die restlichen Ananasringe und Tomaten-

achtel dazulegen und mit Koriandergrün bestreuen. Dazu passen Reis oder Nudeln.

*A*dobo-Gerichte sind eine Landesspezialität: Fleisch, Geflügel oder Meeresfrüchte süßsauer mariniert, knusprig gebraten und mit würziger Sauce überzogen.

GESCHMORTES
RINDFLEISCH

Guisado

Das Fleisch in daumengroße Stücke schneiden und im heißen Fett rundherum anbraten. Das Tomatenmark einrühren. Knoblauch und Zwiebeln abziehen, Knoblauch fein hacken, Zwiebeln in dicke Scheiben schneiden. Ingwer schälen und hacken. Knoblauch, Zwiebeln, Ingwer, Lorbeer, Essig, Sojasauce, Fleischbrühe, Zucker und 1 Teelöffel Salz zum Fleisch geben und im geschlossenen Topf 60 Minuten schmoren. – Tomaten waschen, vom Stielansatz befreien und achteln. Pfefferkörner mörsern. Beides nach 60 Minuten zum Fleisch geben und weitere 15 bis 25 Minuten garen. Die geputzte Frühlingszwiebel schräg in feinste Scheiben schneiden und über das geschmorte Fleisch streuen.

Philippinen

SAURER NUDEL-FISCHTOPF KNUSPER-SARDELLEN

SAURER NUDEL-FISCHTOPF

Salz, 150 g chinesische Eiernudeln
2 Liter Wasser
250 g Hähnchenbrustfilet
250 g Halskotelett vom Schwein
250 g frische Garnelen ohne Kopf
250 g Rotbarschfilet
200 g Tintenfischringe
Pflanzenöl zum Braten
4 Knoblauchzehen
4 Zwiebeln, 4 cm Ingwer
2 rote Chilischoten
4 EL Tomatenmark
250 g Okra oder grüne Bohnen
1 rote Paprikaschote
200 g kleine weiße Auberginen
300 ml Fischfond
6 EL heller Reisessig
1 TL Kurkumapulver
1 TL brauner Zucker

KNUSPER-SARDELLEN

1 kg frische Sardellen
2 Knoblauchzehen
1 gr. Zwiebel, 2 cm Ingwer
1 rote Chilischote
2 EL heller Reisessig
1 TL brauner Zucker
1 TL Salz
2 EL helle Sojasauce
Mehl zum Bestreuen
2 Kochbananen
Pflanzenöl zum Frittieren
1 Bananenblatt
1 Limette

SAURER NUDEL-FISCHTOPF
Paksiw

Salzwasser zum Kochen bringen, die Nudeln hinzufügen. Sobald die Nudeln wieder kochen, vom Herd nehmen und 4 Minuten ziehen lassen, dann abgießen. Das Fleisch ohne Knochen in daumengroße Stücke schneiden. Garnelen aus dem Panzer brechen und entdarmen. Fischfilet in 3 cm große Stücke schneiden. Tintenfische abspülen.
Im Wok etwas Öl erhitzen und das Fleisch darin rundherum kräftig anbraten, dann herausnehmen. Knoblauch und Zwiebeln abziehen und klein schneiden. Ingwer schälen, Chilischoten entkernen, beides hacken. Knoblauch, Zwiebeln, Ingwer und Chili im Wok kurz anbraten, Tomatenmark einrühren und kurz mitbraten. Noch etwas Öl dazugeben. Gemüse putzen, Okra ganz lassen, Auberginen halbieren, Paprikaschote in Streifen schneiden. Alles in den Wok geben. Fischfond, Essig, Kurkuma, Salz und Zucker hinzufügen und 3 Minuten kochen.
Fleisch und Tintenfisch zum Gemüse geben und 10 Minuten kochen. Garnelen, Fisch und Nudeln einrühren und weitere 5 Minuten garen.

KNUSPER-SARDELLEN
Dilis

Die Sardellen ausnehmen, Köpfe abschneiden. Jeweils 2 Fische am Schwanz mit Küchengarn zusammenbinden. Knoblauch und Zwiebel abziehen, Ingwer schälen. Alle 3 Gewürze reiben. Chilischote entkernen, fein hacken und zur Zwiebelmischung geben. Essig mit Zucker und Salz erwärmen, bis beides aufgelöst ist. Mit der Sojasauce und der Zwiebelmischung verrühren und die Sardellen damit dick bestreichen, 4 Stunden kühl stellen.
Die marinierten Sardellen leicht trockentupfen und rundherum mit Mehl bestreuen. Die Bananen schälen und in dicke Scheiben schneiden. Das Öl in einer Fritteuse oder in einem hohen Topf erhitzen und Fische und Bananen darin portionsweise goldbraun frittieren.
Bananenstücke auf Holzspieße stecken. Sardellen und Bananenspieße auf dem Bananenblatt anrichten. Die Limette längs vierteln und dazulegen.

D ie Vorliebe der Filipinos für die kleinen Fische – als Imbiss oder ein Gang in einem Menü – geht ebenfalls auf die Spanier zurück.

Philippinen

KOKOSKUCHEN

200 g Reismehl
800 g cremige Kokosmilch
350 ml süße Sahne
500 g Zucker
1 TL Salz
1 Eiweiß
200 g Süßkartoffeln
1 Tasse Wasser
2 cm Ingwer
½ TL Kurkumapulver
Butter für die Form
2 Liter Wasser
rote Lebensmittelfarbe
1 Kokosnuss
1 Ingwerblüte (nach
Belieben)

Tipps:
Kokosnüsse sind bei uns nicht immer frisch zu bekommen. Stattdessen können Sie für die Garnierung des Kokoskuchens auch getrocknete Kokosflocken kaufen, diese in einer fettfreien Pfanne leicht rösten und mit Zucker bestreuen.

SAPIN SAPIN

Das Reismehl mit Kokosmilch und Sahne glatt rühren. Den Zucker bis auf 2 Esslöffel dazugeben und so lange weiterrühren, bis sich der Zucker fast aufgelöst hat.

Salz und Eiweiß unter den Teig rühren. Die Süßkartoffeln schälen, in wenig Wasser garen und abgießen. Den Ingwer schälen und fein reiben. Süßkartoffeln mit Ingwer und Kurkuma pürieren.

Eine quadratische oder rechteckige Form (etwa 20 x 25 cm) von 8 bis 10 cm Höhe gut mit Butter einfetten. Den Wok oder einen Topf mit Wasser zum Kochen bringen.

Den Teig auf 3 Schalen verteilen. Einen Teil mit dem Süßkartoffelpüree mischen und in die Form streichen. Gefettetes Papier darüber legen und im geschlossenen Wok über Dampf garen, bis der Teig fest geworden ist, das dauert etwa 35 bis 40 Minuten.

Nun nach Belieben den zweiten oder dritten Teil des Teigs rosarot färben, den dritten oder zweiten weiß lassen. Den zweiten Teigteil auf die gelbe Schicht streichen, abdecken und ebenso lang garen. Anschließend den dritten – rosaroten oder weißen – Teigteil auf

die gleiche Weise garen.

Die Kokosnuss aufbrechen und größere Stücke lösen. Mit einem Sparschäler von der ungeschälten Nuss viele Locken abschneiden und in einer fettfreien Pfanne rösten. Zum Schluss den restlichen Zucker darüber streuen und schmelzen lassen.

Den Kuchen einige Stunden kühl stellen. Dann in Rauten schneiden und blütenförmig auf einem Teller anrichten. Jedes Stück mit ein paar von den Kokoslocken bestreuen. Mit der Ingwerblüte garnieren.

Servieren Sie zu diesem aparten Kuchen duftenden Kaffee oder heißen Kakao, der mit etwas bitterer Schokolade verfeinert wird. Oder mischen Sie gut gekühlte Kokosmilch mit Ananassaft und servieren dieses Getränk mit Trinkhalm in einer ausgehöhlten Kokosnuss.

VARIANTE KOKOSMILCH

Sie können eine cremige Kokosmilch auch selber herstellen: 400 g Kokosflocken mit ½ Liter kochender Sahne übergießen, 30 Minuten ziehen lassen und pürieren. Dieses Püree danach durch ein Sieb streichen und nach Belieben mit Wasser verdünnen.

INDONESIEN

Leuchtendes Kurkumagelb und feurig scharfes Chilirot werden ergänzt durch das kühle Weiß der Kokosnuss. Die indonesische Küche betört durch zarte Düfte und leuchtende Farben.
Nasi und Bami Goreng sind bei uns ebenso bekannt und beliebt wie die üppige indonesische Reistafel.

GEMÜSETELLER
SATÉ-SPIESSE MIT SAUCE

GEMÜSETELLER

1 große Zwiebel
Pflanzenöl zum Braten
300 g Kartoffeln
1 Liter Wasser
250 g Spargelbohnen
oder grüne Bohnen
250 g Chinakohl
100 g Mungbohnensprossen
½ Salatgurke
4 Tomaten
4 Frühlingszwiebeln
2 rote Chilischoten
1 grüne Chilischote
2 hart gekochte Eier

SATÉ-SPIESSE MIT ERDNUSS-SAUCE

400 g Hähnchenbrustfilet
400 g Entenbrustfilet
1 Knoblauchzehe
4 cm Ingwer
je 1 TL Chili-, Kurkuma-,
Kreuzkümmel- und
Korianderpulver
Salz
1 TL dunkles Sesamöl
6 EL dunkle Sojasauce
1 TL Honig

Für die Erdnuss-Sauce:

2 Frühlingszwiebeln
1 EL Pflanzenöl
1 TL gehacktes Zitronengras
125 g grobe Erdnussbutter
250 ml Kokosmilch
2 EL helle Sojasauce
1 rote Chilischote
1 EL Limettensaft

GEMÜSETELLER

Gado Gado

Die Zwiebel abziehen, halbieren, in feine Scheiben schneiden, in etwas erhitztem Öl goldbraun braten. Auf Küchenpapier ausbreiten und abkühlen lassen. Kartoffeln kochen, pellen und in Scheiben schneiden. Bohnen in mundgerechte Stücke, Chinakohl in dicke Streifen schneiden. Beides in wenig Wasser bissfest garen. Sprossen mit kochendem Wasser überbrühen.

Die Salatgurke streifig schälen und in dünne Scheiben schneiden. Tomaten ohne Stielansatz achteln. Frühlingszwiebeln ohne Wurzeln längs halbieren oder vierteln. Chilischoten von der Spitze bis zum Stielansatz mehrmals aufschlitzen und in kaltes Wasser legen, damit sie sich entfalten. Eier schälen und in Scheiben schneiden.

Alle Zutaten auf einer großen Platte dekorativ anrichten, mit den Zwiebeln bestreuen und mit den „Chiliblumen" garnieren. Die Erdnusssauce (siehe unten) getrennt dazu reichen.

SATÉ-SPIESSE MIT ERDNUSS-SAUCE

Satay

Hähnchenbrust- und enthäutetes Entenbrustfilet in 2 cm breite und 10 bis 12 cm lange Streifen schneiden. Diese Streifen etwas größer klopfen. Knoblauch und Ingwer schälen und fein reiben.

Für die Marinade Knoblauch und die Hälfte des Ingwers mit allen Gewürzpulvern, 1 Teelöffel Salz, Sesamöl, dunkler Sojasauce und Honig verrühren. Die Fleischstreifen damit auf beiden Seiten bestreichen und mindestens 3 Stunden kühl stellen.

Für die Erdnusssauce den hellen Teil der geputzten Frühlingszwiebeln fein hacken, im Öl weich schmoren. Mit zurückgelegtem Ingwer, Zitronengras, Erdnussbutter, Kokosmilch und heller Sojasauce bei milder Hitze erwärmen und glatt rühren. Die Chilischote entkernen und sehr fein hacken. Die Sauce mit Chili, Limettensaft und Salz abschmecken. Die abgetropften Fleischstreifen getrennt ziehharmonikaartig auf gewässerte Holzspieße stecken. Unter oder über dem heißen Grill einige Minuten grillen. Dabei einmal wenden und mit der restlichen Marinade bestreichen. Die Erdnuss-Sauce getrennt reichen.

Indonesien

ZITRONENGRASSUPPE
GARNELEN IN KOKOSMILCH

ZITRONENGRASSUPPE

500 g Hühnerflügel
Salz
1 rote Chilischote
1 grüne Chilischote
4 cm Kurkumawurzel
oder 1 TL Kurkumapulver
2 cm Galgant
1 Liter Wasser
2 EL Tamarindenmark
2 Stängel Zitronengras
400 ml Kokosmilch
500 g mittelgroße rohe
Garnelen
2 EL Fischsauce
2 EL helle Sojasauce
1 Limette
etwas Thai-Basilikum oder
Koriandergrün

GARNELEN IN
KOKOSMILCH

16 rohe Riesengarnelen
ohne Kopf
3 EL Tamarindenmark
6 EL heißes Wasser
6 kleine getrocknete Chi-
lischoten
1 TL Korianderkörner
2 Zwiebeln
2 Knoblauchzehen
3 cm Ingwer
3 cm Kurkumawurzel
1 Stängel Zitronengras
1 TL Garnelenpaste
2 EL Pflanzenöl
50 g Cashewkerne
½ frische Ananas
250 ml Kokosmilch
Salz, 1 TL brauner Zucker
1 Bananenblatt

ZITRONENGRASSUPPE

Tom Jam Kung
Die Hühnerflügel mit 1 Esslöffel
Salz, der Hälfte der Chilischoten,
der geschälten Kurkumawurzel
und dem zerdrückten Galgant in
dem Wasser 1 Stunde kochen,
dann abseihen.
Das Tamarindenmark mit etwas
heißer Brühe glatt rühren, dann
durch ein Sieb streichen. Den
unteren Teil des Zitronengrases
klein schneiden. Die restlichen
Chilischoten entkernen und fein
hacken. Die Brühe mit Tamarindenmark, Zitronengras, Chilischoten und Kokosmilch aufkochen.
Die Garnelen aus dem Panzer
brechen und entdarmen. Die
Suppe mit Fischsauce und Sojasauce abschmecken. Die Limette
waschen und in Scheiben schneiden.
Die Garnelen in der siedenden
Suppe mit den Limettenscheiben
3 bis 5 Minuten gar ziehen
lassen. Mit Thai-Basilikum oder
Koriandergrün garnieren.

*S*uppen sind außerordentlich
geliebt. Sie werden zu jeder
Mahlzeit gereicht. Diese Suppe
kann mit etwas gekochtem Reis
oder eingeweichten Glasnudeln
angereichert werden.

GARNELEN IN KOKOS-
MILCH

Gulai Udang Merah
Die Garnelen aus dem Panzer
brechen und entdarmen. Das
Tamarindenmark mit dem heißen
Wasser verrühren. Die Chilischoten zerdrücken und mit Korianderkörnern und Tamarindenmark
mischen. Zwiebeln und Knoblauch abziehen und fein hacken.
Ingwer und Kurkuma schälen
und klein schneiden. Den unteren Teil des Zitronengras hacken.
Tamarindenmark mit Zwiebeln,
Knoblauch, Ingwer, Kurkuma,
Zitronengras und Garnelenpaste
unter Rühren in dem heißen Öl
3 Minuten braten. Dann durch
ein Sieb streichen. Die Cashewkerne fein hacken, die Ananas
klein würfeln.
Cashewkerne und Ananasstücke
mit der Kokosmilch zur Würzsauce geben und zum Kochen
bringen, mit Salz und Zucker
abschmecken. Die Garnelen in
der Sauce 4 bis 6 Minuten gar
ziehen lassen. Die Garnelen auf
dem Bananenblatt anrichten und
mit der Sauce beträufeln.

*D*ie Indonesier würzen ihre
Speisen verschwenderisch,
allerdings meist weniger chili-
scharf als in den Nachbarländern.

FÜR 6 PERSONEN

4 Tassen (600–700 g)
Rundkornreis
10 Tassen (1,6–1,8 Liter)
Wasser
2 EL Kurkumapulver
4 Eier, Salz
1 EL Maisstärke
Pflanzenöl zum Braten
300 g Kartoffeln
2 TL Korianderkörner
6 Knoblauchzehen
2 Stängel Zitronengras
300 ml Kokosmilch
2 TL brauner Zucker
2 EL Tamarindenmark
4 EL heißes Wasser
250 g Rumpsteak
4 cm Ingwer, 3 Zwiebeln
3 rote Chilischoten
4 EL dunkle Sojasauce
350 g kleine Auberginen
1 EL dunkles Sesamöl
1 Limette
frisch gemahlener Pfeffer
1 Hähnchen (1 kg)
4 cm Kurkumawurzel
6 kleine Tintenfischtuben
3 Frühlingszwiebeln
200 g Maniok oder Koch-
banane
1 Bananenblatt

Tipp:
Reichen Sie zum Befeuch-
ten des Reises Misobrühe
sowie einen Dip aus Soja-
sauce, Ingwer, Chili
und/oder Tamarinden-
mark.

NASI TUMPENG

Den Reis gründlich waschen, mit Wasser und 1 EL Kurkuma aufkochen, bei niedriger Hitze 15 bis 20 Minuten garen, danach mit einem Tuch abgedeckt 15 Minuten ruhen lassen.

Eier mit etwas Salz, Maisstärke und 1 TL Kurkuma schaumig rühren. In etwas erhitztem Öl 2 bis 3 Omeletts backen, aufrollen, in schmale Scheiben schneiden. Kartoffeln schälen, würfeln. 1 TL Korianderkörner mörsern, 1 Knoblauchzehe abziehen, 1 Zitronengras hacken. Kartoffelwürfel in etwas Öl 5 Minuten braten, die Gewürzmischung, 100 ml Kokosmilch und 1 TL Zucker einrühren, Kartoffeln garen, mit Salz abschmecken. – Tamarindenmark mit heißem Wasser verrühren, durch ein Sieb streichen. Fleisch in fingergroße Streifen schneiden. 2 cm Ingwer und 1 Zwiebel schälen, fein hacken. 1 Chilischote fein hacken. Fleisch in etwas Öl anbraten, Tamarindenmark, Gewürze, etwas Salz und Sojasauce dazugeben und in etwa 3 Minuten garen.

Auberginen in 2 cm große Würfel schneiden. Je 1 Zwiebel und Knoblauchzehe abziehen und reiben. Mit 1 TL Kurkuma, Sesamöl und 100 ml Kokosmilch mischen.

Das Gemüse darin 8 Minuten garen. Mit Limettensaft, Salz und Pfeffer abschmecken.

Das Hähnchen in 6 Teile schneiden. 2 Knoblauchzehen und 1 Zwiebel abziehen und fein hacken, ebenso den unteren Teil 1 Zitronengrasstängels. 2 cm Kurkumawurzel schälen und reiben. 1 TL Korianderkörner mörsern. Alle Gewürze mit Zucker und Salz sowie 1 gehackten Chilischote und 100 ml Kokosmilch mischen. Hähnchenteile in Öl 15 Minuten braten. Würzsauce dazugeben und weitere 20 bis 30 Minuten schmoren.

Die Tintenfische in etwas Öl 5 Minuten braten. 2 EL Sojasauce und 2 fein gehackte Knoblauchzehen, 1 gehackte Chilischote und die in Scheiben geschnittenen Frühlingszwiebeln mischen. Je 2 cm Ingwer und Kurkumawurzel schälen und fein reiben. Alles mit etwas Salz würzen.

Maniok oder Banane schälen, in feinste Scheiben hobeln und in reichlich Öl knusprig braten.

Ein großes Spitzsieb einfetten, den gegarten Reis hineindrücken. Eine große Platte mit dem Bananenblatt auslegen, den Reiskegel in die Mitte setzen, restlichen Reis drum herum streuen, alles Gegarte um den Kegel legen.

Indonesien

GEBRATENE ENTE
GEBRATENE NUDELN

GEBRATENE ENTE

2 Knoblauchzehen
200 g Zwiebeln
4 cm Ingwer
2 cm Kurkumawurzel
4 getrocknete Chilischoten
6 Kardamomkapseln
je 1 TL Koriander-,
schwarze Pfefferkörner
und Kreuzkümmelsamen
4 EL Pflanzenöl
1 TL Garnelenpaste
2 EL Austernsauce
1 EL Salz
1 Ente (2 kg)
75 g Cashewkerne
½ Ananas
2 grüne Chilischoten
2 rote Chilischoten
400 ml Kokosmilch
Koriandergrün

GEBRATENE NUDELN

1,5 Liter Wasser, Salz
250 g chinesische Eier-
nudeln, 6 EL Pflanzenöl
1 EL dunkles Sesamöl
300 g Hähnchenbrustfilet
16 mittelgroße rohe
Garnelen
2 Zwiebeln, 2 Knoblauch-
zehen, 1 Bund Frühlings-
zwiebeln
3 cm Galgant, 100 g
Mungbohnensprossen
200 g Chinakohl
3 Tomaten
4 EL dunkle Sojasauce
1 EL Fischsauce
1–2 TL Sambal oelek
nach Belieben Koriander-
grün zum Bestreuen

GEBRATENE ENTE

Bebek Betutu

Knoblauch, Zwiebeln, Ingwer
und Kurkuma schälen, alles fein
hacken, Chillies zerreiben. Die
Kardamomsamen herauslösen.
Knoblauch, Zwiebeln, Ingwer,
Kurkuma, Chillies und alle festen
Gewürze im heißen Öl 3 Minu-
ten braten.
Garnelenpaste und Austernsauce
einrühren, pürieren. Die Würz-
sauce durch ein Sieb streichen,
mit Salz mischen. Die Ente damit
innen und außen einreiben, abge-
deckt 2 – 3 Stunden kühl stellen.
Cashewkerne mittelfein hacken.
Geschälte Ananas ohne harte
Mitte mundgerecht schneiden.
Chilischoten entkernen. Ente im
Bräter mit Kokosmilch über-
gießen, zudecken, im vorgeheiz-
ten Ofen bei 180 °C 2 ½ Stun-
den garen, letzte ½ Stunde ohne
Deckel. Öfter wenden und mit
Bratensaft bestreichen.
Fertige Ente in 8 Stücke teilen.
Ananaswürfel mit Cashewkernen
in der Sauce erwärmen, Ente mit
Chili und Koriandergrün anrich-
ten, Sauce darüber geben.

GEBRATENE NUDELN

Bami Goreng

Salzwasser aufkochen, Nudeln
dazugeben, wieder aufkochen,
neben dem Herd 4 Minuten ziehen lassen, abgießen, abtropfen
lassen. – Etwas Öl im Wok mit
Sesamöl erhitzen, Nudeln darin
knusprig braten. Beiseite stellen.
Hähnchenfleisch in schmale,
kurze Streifen schneiden, in
etwas Öl ebenfalls braun braten.
Zu den Nudeln geben.
Garnelen aus dem Panzer brechen, Köpfe entfernen, Schwänze
stehen lassen. Garnelen entdarmen, in etwas Öl rasch 2 Minuten braten, zu den Nudeln geben.
Zwiebeln und Knoblauch abziehen. Nur Zwiebeln in feine Ringe
schneiden, in etwas Öl knusprig
braten, herausnehmen, beides
beiseite stellen.
Das Helle der Frühlingszwiebeln
dünn schneiden. Galgant schälen,
klein schneiden. Sprossen abbrausen, Chinakohl in schmale
Streifen schneiden. Von den
Tomaten Stielansatz und Kerne
entfernen, grob hacken.
Knoblauch, Frühlingszwiebeln,
Galgant, Sprossen, Chinakohl
und Tomaten mit etwas Öl im
Wok 5 Minuten braten. Nudeln
mit Fleisch und Garnelen hinzufügen, unter Rühren erhitzen.
Gebratene Nudeln mit Sojasauce,
Fischsauce, Sambal oelek, gerösteten Zwiebeln und Koriandergrün anrichten.

Indonesien

GEBRATENE BANANEN GEFÜLLTE KOKOSBÄLLCHEN

GEBRATENE BANANEN

4 Bananen
4 EL Reismehl
8 EL Weizenmehl
¼ TL Salz
1 TL brauner Zucker
1 Ei
300 ml Kokosmilch
etwas Wasser
Pflanzenöl zum Frittieren
1 Bananenblatt

Tipp:
Probieren Sie doch einmal die aromatischen Bananen aus Asien. Auch Bananen von den Kanarischen Inseln und so genannte Apfelbananen haben ein besonders feines Aroma.

GEFÜLLTE KOKOS-BÄLLCHEN

125 g Klebreismehl (Glutinreismehl)
etwa 200 ml Kokosmilch
2 cm Ingwer
2 EL Zucker
grüne Lebensmittelfarbe
etwa 100 g Palmzucker
1,5 Liter Wasser
etwa 100 g Kokosflocken

Tipp:
Der Palmzucker kann durch braunen Zucker ersetzt werden. – Und die Bällchen bald essen, aufbewahrt werden sie hart.

GEBRATENE BANANEN

Pisang Goreng
Die Bananen schälen und quer einmal durchschneiden. Für den Ausbackteig die beiden Mehlsorten mit Salz und Zucker mischen. Das Ei mit der Kokosmilch glatt rühren, zum Mehl geben und so viel Wasser hinzufügen, bis der Teig halbflüssig ist.
Den Teig 30 Minuten quellen lassen. Das Öl in einer Fritteuse oder in einem hohen Topf erhitzen. Die Bananen einzeln durch den Teig ziehen und nacheinander in dem heißen Öl goldgelb frittieren. Auf Küchenpapier abtropfen lassen und auf einem Bananenblatt anrichten.
Servieren Sie dazu ein Püree aus frischer Ananas, gewürzt mit Limettensaft und geriebenem Ingwer.

GEFÜLLTE KOKOS-BÄLLCHEN

Klepon
Das Reismehl mit der Kokosmilch mischen. Den Ingwer schälen und fein dazureiben. Den Zucker einstreuen und etwas grüne Lebensmittelfarbe dazugeben. Alles so lange kneten, bis der Teig nicht mehr an den Händen klebt.

Eventuell noch weitere Kokosmilch dazugeben. Der fertige Teig sollte nicht mehr kleben.
Den Teig zu 2 gleich dicken Rollen formen und daraus 20 bis 24 gleich große Stücke abschneiden. Diese Teigstücke zu Bällchen formen.
Den Palmzucker in entsprechend viele Portionen hacken. Mit einem Holzstiel in jedes Bällchen ein Loch bohren, etwas Palmzucker hineingeben und Löcher in den Bällchen durch sorgfältiges Drehen zwischen den Handflächen wieder verschließen.
Das Wasser zum Kochen bringen und die Bällchen darin so lange sieden lassen, bis sie an die Oberfläche kommen. Die Teigbällchen nun noch 2 Minuten weiter garen.
Inzwischen die Kokosflocken mit dem Schneidstab etwas zerkleinern. Die fertigen Bällchen aus dem Wasser fischen, abtropfen lassen und in den Kokosraspeln wälzen. Das Dessert abkühlen lassen und auf einer hübschen Schale oder in ausgehöhlten Kokosnussschalen anrichten.

MALAYSIA UND SINGAPUR

Hier werden Erinnerungen wach an Indien und China. Dazu gesellt sich eine ordentliche Portion malaysische Kochkunst. Großzügig werden die Speisen mit Chillies, Garnelen und Zitronengras gewürzt, eine scharfe Mischung gegen tropische Hitze.

GARNELENSUPPE
GURKENSALAT

GARNELENSUPPE

3 EL getrocknete Garnelen
6 EL Wasser
4 rote Chilischoten
3 Knoblauchzehen
3 cm Ingwer
2 cm Kurkumawurzel
2 Stängel Zitronengras
12 ungesalzene
Macadamianüsse
5 EL Pflanzenöl
200 g Tofu
100 g Mungbohnensprossen
100 g Reis-Vermicelli
1,5 Liter kochendes
Wasser
500 g rohe Garnelen
400 ml Kokosmilch
¼ Liter Hühnerbrühe
1 EL Korianderpulver
1 TL brauner Zucker
Salz
1 Frühlingszwiebel

GURKENSALAT

1 große Salatgurke
3 EL getrocknete Garnelen
6 EL Wasser
2 EL Kokosflocken
3 rote Chilischoten
2 cm Ingwer
3 TL Zucker
1 TL Salz
2 Limetten

GARNELENSUPPE

Laksa Udang

Die getrockneten Garnelen in
etwas Wasser einweichen.
Chillies entkernen, Knoblauch,
Ingwer und Kurkuma schälen,
alles klein schneiden, ebenso
das Helle des Zitronengrases.
Alles mit den Nüssen im Mixer
pürieren.
Jeweils gut 1 EL Öl im Wok erhitzen, nacheinander zuerst das
Püree 3 Minuten schmoren, dann
beiseite legen. Den gewürfelten
Tofu braten, danach die Sprossen
2 Minuten braten.
Die Vermicelli in 1 Liter kochendem Wasser 3 bis 4 Minuten einweichen, abgießen. Garnelen
schälen und entdarmen. ½ Liter
Wasser im Wok erhitzen, die Panzer, Köpfe und Schwänze der
Garnelen darin 30 Minuten
kochen. Die Garnelen 2 Minuten
mitkochen, herausnehmen, die
Brühe abseihen.
Restliches Öl im Wok erhitzen,
die Nudeln darin kurz anbraten.
Die Sauce, Tofuwürfel, Sprossen,
Garnelen, Kokosmilch, Garnelen-
und Hühnerbrühe einrühren
und aufkochen. Die Suppe 3 bis
4 Minuten kochen.
Fertige Suppe mit Koriander,
Zucker und Salz abschmecken.

Frühlingszwiebel schräg in Scheiben schneiden und über die Garnelen streuen.

GURKENSALAT

Kerabu Timun

Die Gurke schräg in nicht zu
dünne Scheiben schneiden und
kühl stellen. Die getrockneten
Garnelen in etwas Wasser einweichen. Kokosflocken in einer
fettfreien Pfanne leicht rösten.
Chillies entkernen, 1 in schmale
Streifen schneiden, die 2 anderen
fein hacken, mit den Kokosflocken und den eingeweichten
Garnelen im Mörser zu einer
Paste zerreiben. Ingwer schälen
und dazureiben.
Zucker und Salz mischen. Limetten auspressen, den Saft damit
verrühren. Alle Zutaten miteinander mischen, mit den Chilistreifen bestreuen und sofort
anrichten.

*Sambals, würzige Sauce und
Dips, sind ein wichtiger
Bestandteil der malaysischen
Küche. Nie fehlen die scharfen
Chilischoten, andere Zutaten
sind getrocknete Garnelen, Knoblauch, Zwiebeln, Ingwer, Salz und
Zucker, Tamarindenmark, Sojasauce und gemahlene Erdnüsse.*

LAMM IN KOKOSMILCH
TAMARINDEN-HÜHNCHEN

LAMM IN KOKOS-MILCH

10 Kardamomkapseln
2 Sternanis
6 EL Pflanzenöl
1 Zimtstange
1 TL Korianderkörner
1 TL Fenchelsamen
1 TL Pfefferkörner
4 Gewürznelken
1 rote Chilischote
200 g Zwiebeln
2 Knoblauchzehen
4 cm Ingwer
3 cm Kurkumawurzel
2 Stängel Zitronengras
750 g Lammfleisch ohne Knochen
500 g Auberginen
800 ml Kokosmilch
Salz
Koriandergrün

TAMARINDEN-HÜHN-CHEN

4 EL Tamarindenmark
8 EL heißes Wasser
2 Knoblauchzehen
2 Zwiebeln
3 cm Ingwer
1 rote Chilischote
2 Stängel Zitronengras
50 ml dunkle Sojasauce
5 EL brauner Zucker
1 Poularde (1,3 kg)
4 EL Pflanzenöl
1 TL schwarze Pfefferkörner
1 EL Korianderkörner
2 Gewürznelken
1 Salatgurke

LAMM IN KOKOSMILCH
Kari Kambing

Die Samen aus Kardamomkapseln und Sternanis lösen. 2 Esslöffel Öl im Wok erhitzen und alle festen Gewürze darin 3 Minuten braten.

Die Chilischote entkernen und fein hacken. Zwiebeln, Knoblauch, Ingwer und Kurkuma schälen und hacken, ebenso den hellen Teil des Zitronengrases. Alles in etwas Öl weich schmoren und im Mörser zu einer Paste zerreiben.

Das Fleisch und die Auberginen in gleich große Würfel schneiden. Das restliche Öl im Wok erhitzen und zuerst die Fleischwürfel darin kurz anbraten, Auberginen, Gewürzpaste und geschmorte Gewürze sowie die Kokosmilch dazugeben.

Alles bei milder Hitze gut 1 Stunde garen. Nach Bedarf etwas Wasser hinzufügen. Anschließend mit Salz abschmecken und mit etwas Koriandergrün bestreuen.

*I*n Malaysia wird gern Hammelfleisch verzehrt. Da dieses Fleisch bei uns weder sehr beliebt noch häufig angeboten wird, verwenden wir stattdessen Lammfleisch.

TAMARINDEN-HÜHNCHEN
Asam Ayam

Das Tamarindenmark im heißen Wasser glatt rühren und durch ein Sieb streichen. Knoblauch und Zwiebeln abziehen und würfeln. Ingwer schälen und klein schneiden. Chilischote entkernen und hacken, ebenso den hellen Teil des Zitronengrases.

Alle zerkleinerten Zutaten mit Tamarindenmark, Sojasauce und Zucker pürieren. Die Poularde in 8 gleich große Stücke teilen und rundherum mit der Würzsauce begießen. Über Nacht kühl stellen.

1 Esslöffel Öl im Wok erhitzen und Pfeffer, Koriander und Nelken darin kurz rösten, dann im Mörser zerreiben. Das restliche Öl im Wok erhitzen und das Fleisch mit dem Würzpüree darin 40 bis 50 Minuten garen.

Die Gurke schräg in dünne Scheiben schneiden. Die Poulardenstücke darauf anrichten.

*D*iese sehr beliebte Zubereitungsart lässt sich auch auf Fische, Lamm- und Rindfleisch anwenden. Dazu gehört immer eine große Schale mit gekochtem Reis.

MAKRELE IM BANANENBLATT
SAGO-KOKOS-PUDDING

MAKRELE IM BANANENBLATT

3 EL Tamarindenmark
6 EL Wasser
2 Zwiebeln
3 Knoblauchzehen
1 rote Chilischote
4 cm Ingwer
1 Stängel Zitronengras
1 TL schwarze Pfefferkörner
6 EL Pflanzenöl
6 EL dunkle Sojasauce
½ TL Kreuzkümmelpulver
½ TL Korianderpulver
Salz
4 küchenfertige Makrelen
1 Bananenblatt
4–6 frische zarte Lorbeerblätter

Tipp:

Statt der Makrelen eignen sich für dieses Gericht auch Forellen. Ist kein Bananenblatt verfügbar, kann jeder Fisch einzeln in frischen oder eingelegten Weinblättern oder in Alufolie gegart werden.

SAGO-KOKOS-PUDDING

2 Liter Wasser
2 EL Zucker
1 Prise Salz
250 g Sago
250 ml cremige Kokosmilch
2 cm Ingwer
250 g Palmzucker
½ Ananas

MAKRELE IM BANANEN-BLATT

Luang Senunuh

Das Tamarindenmark mit dem Wasser glatt rühren, dann durch ein Sieb streichen. Zwiebeln und Knoblauch abziehen und klein schneiden. Die Chilischote entkernen, Ingwer schälen, den dunklen Teil des Zitronengrases wegschneiden, alle 3 Gewürze hacken. Die Pfefferkörner grob mörsern.

2 Esslöffel Öl im Wok erhitzen und alle Gewürze darin kurz anbraten, Tamarindenmark, Sojasauce, Kreuzkümmel und Koriander einrühren und die Würzsauce mit Salz abschmecken.

Die Fische waschen, trockentupfen, innen und außen mit der Würzmischung bestreichen. Im Kühlschrank 1 Stunde ziehen lassen.

Das Bananenblatt in 4 Stücke schneiden und die Innenseiten mit dem restlichen Öl bestreichen. Jeweils 1 marinierten Fisch darauf setzen. Die zarten Lorbeerblätter streifig schneiden und darüber streuen.

Die Fische gut einwickeln und über oder unter dem Grill 20 bis 30 Minuten garen.

SAGO-KOKOS-PUDDING

Sago Gula Melaka

Gut 1,5 Liter Wasser mit Zucker und Salz zum Kochen bringen. Inzwischen die Sagoperlen gut unter fließendem Wasser abspülen und in dem kochenden Wasser unter Rühren 20 bis 25 Minuten kochen, bis die Sagoperlen durchscheinend sind. Den Sago schnell unter kaltem Wasser abspülen und in eine hübsche Form drücken, dann kühl stellen.

Die Kokosmilch erwärmen. Den Ingwer schälen und fein zur Kokosmilch reiben. Zum Abkühlen beiseite stellen. Den Palmzucker in gut ¼ Liter Wasser zu einem dickflüssigen Sirup kochen. Die Ananas schälen, den harten Mittelteil wegschneiden und die Frucht in Halbringe schneiden.

Den Pudding auf eine Platte stürzen, mit Ananas garnieren und mit etwas Kokosmilch und Sirup beträufeln, den Rest getrennt dazureichen.

*S**ago ist nicht jedermanns Sache. Dieses einfache Dessert lässt sich auch mit Reis herstellen. Die Ananas kann natürlich durch andere Früchte ersetzt werden.*

RINDFLEISCH MIT NUDELN AUBERGINENCURRY

RINDFLEISCH MIT NUDELN

1,5 Liter Wasser
250 g Reis-Bandnudeln
2 EL getrocknete Garnelen
5 rote Chilischoten
2 Knoblauchzehen
2 Zwiebeln
4 cm Ingwer
100 g Mungbohnen-
sprossen
250 g Chinakohl
400 g Rinderfilet
4 EL Pflanzenöl
1 TL Korianderpulver
1 TL Kreuzkümmelpulver
1 TL brauner Zucker, Salz
2 EL helle Sojasauce
1 EL Austernsauce
2 Frühlingszwiebeln

AUBERGINENCURRY

750 g Auberginen
1 EL Kurkumapulver
1 TL Mehl
2 Knoblauchzehen
2 Zwiebeln
2 cm Galgant
2 rote Chilischoten
100 g Kemirinüsse oder
Cashewkerne
6 EL Pflanzenöl
400 ml Kokosmilch
1 Zimtstange
2 Sternanis
6 getrocknete Curryblätter
Salz
8 frische Garnelen mit
Kopf
etwas Koriandergrün

RINDFLEISCH MIT NUDELN

Kway Teow Goreng

Das Wasser kochen und die Nudeln darin 3 bis 4 Minuten ziehen lassen. Die Garnelen in etwas Kochwasser quellen lassen, dann hacken. Die Nudeln abgießen und abtropfen lassen. Die Chilischoten entkernen, 1 Schote in schmale Streifen schneiden und beiseite legen, die anderen Schoten fein hacken. Knoblauch und Zwiebeln abziehen und würfeln. Ingwer schälen und klein schneiden. Die Sprossen abbrausen. Den Kohl in schmale Streifen, das Fleisch in schmale, fingerlange Streifen schneiden. Das Öl im Wok erhitzen und zuerst das Fleisch darin kurz anbraten und herausnehmen.

Die Nudeln im verbliebenen Öl anbraten, Fleisch, Garnelen, Chillies, Knoblauch, Zwiebeln, Ingwer, Sprossen, Kohl, alle Gewürze und ein wenig Wasser dazugeben und so lange erhitzen, bis das Gemüse weich ist.

Mit Salz und den beiden Würzsaucen abschmecken. Die geputzten Frühlingszwiebeln schräg in schmale Scheiben schneiden. Die gebratenen Nudeln mit den Frühlingszwiebeln und den Chilistreifen bestreuen.

AUBERGINENCURRY

Kari Terong

Die Auberginen in etwa 2 cm große Würfel schneiden, abbrausen und abtropfen lassen. Kurkuma mit Mehl mischen und über die Auberginenwürfel streuen. Mit den Fingern gut mischen. Knoblauch und Zwiebeln abziehen, Galgant schälen, alles klein schneiden. Chilischoten entkernen und in Streifen schneiden, Kemirinüsse oder Cashewkerne hacken.

Das Öl im Wok erhitzen, die Auberginenwürfel darin anbraten. Knoblauch, Zwiebeln, Galgant, Chillies, Nüsse, Kokosmilch, Zimtstange, Sternanis und Curryblätter dazugeben.

Das Curry 5 Minuten garen und mit Salz würzen. Die Garnelen dazugeben und weitere 3 bis 5 Minuten garen. Mit Koriandergrün bestreuen.

Zu fast allen asiatischen Gerichten wird eine Schüssel mit weißem Reis gereicht. Probieren Sie auch einmal das folgende Rezept: Duftender Basmatireis wird in einer Mischung aus Salz- und Rosenwasser gekocht und gewürzt mit Safran, Kardamon, Gewürznelken, Zimt, Ingwer und Knoblauch.

CHILI-KREBSE
SINGAPORE SLING

CHILI-KREBSE

1,5 kg Schlamm- oder
Schwimmkrabben
(Krebse), gekocht oder
tiefgekühlt
2 Knoblauchzehen,
2 Zwiebeln, 6 rote Chili-
schoten, 2 cm Ingwer
350 g Tomaten
2 EL Mehl
1 TL Kurkumapulver
4 EL Pflanzenöl
2 EL Austernsauce
je 1 EL dunkle Sojasauce,
brauner Zucker und Reis-
essig, Salz
2 EL Kokosflocken
2 Frühlingszwiebeln

Tipp:

*Wer frische (lebende)
Krebse selbst verarbeitet,
muss sie richtig und rasch
töten: durch Stich und
grobes Teilen (ähnlich wie
bei Hummern, s. S. 154),
dann in kochendem Was-
ser. Nach einigen Minuten
herausnehmen und weiter
wie beschrieben verfahren.*

SINGAPORE SLING
Für 1 Person
3 cl Gin, je 1 cl Kirschlikör
(Cherry Brandy), Coin-
treau, Bénédictine D.O.M.
und Grenadine-Sirup
1 Spritzer Angostura
100 ml Ananassaft
1 cl Limettensaft, Eiswürfel
1 Stück Ananas
1 Cocktailkirsche mit Stiel

CHILI-KREBSE

Ladah Merah Ketam
Die Krabben grob teilen,
waschen und weiche Teile entfernen. Knoblauch und Zwiebeln
abziehen, fein würfeln. Chili entkernen, in feine Streifen schneiden, etwas beiseite legen. Ingwer
schälen, fein hacken. Tomaten
kurz in kochendes Wasser tauchen, häuten und entkernen,
Fruchtfleisch würfeln.
Die Krebsteile mit Mehl und Kurkuma bestreuen. Das Öl im Wok
erhitzen, die Krabben darin unter
Rühren 3 bis 4 Minuten (frische
Krebse ca. 5 Minuten) braten.
Chillies, Ingwer, Tomaten, die
beiden Würzsaucen, Zucker,
Essig und etwas Salz dazugeben,
weitere 3 bis 4 Minuten (frische
Krebse ca. 5 Minuten) garen.
Die Kokosflocken in einer fettfrei-
en Pfanne rösten. Die geputzten
Lauchzwiebeln schräg in dünne
Scheiben schneiden. Die Chili-
krebse mit den zurückgelegten
Chilistreifen, Kokosflocken und
Lauchzwiebeln bestreuen.

*F*rische Krabben (Krebse) werden bei uns selten angeboten,
*im Tipp ist beschrieben, wie man
sie vorbehandelt. Dadurch ver-
längert sich die Garzeit auch um
etwa die Hälfte.*

*Gegessen werden die Krabben
mit den Fingern. Um an das würzige Fleisch der Scheren zu
gelangen, braucht es ein Spezial-
werkzeug und eine Zange. Es
empfiehlt sich, die Kleidung gut
abzudecken und Schalen mit
Zitronenwasser sowie kleine
Handtücher für die Finger bereit-
zustellen.*

SINGAPORE SLING

Alle Zutaten – einschließlich ein
paar Eiswürfeln, aber ohne die
Dekoration Ananas und Kirsche –
in einem Shaker kräftig mixen.
Anschließend durch ein Barsieb
in ein Longdrinkglas füllen. Das
Stückchen Ananas und die Kirsche auf einen Holzspieß stecken
und am Glas befestigen.

*W*er in Singapur weilt, muss
diesen erfrischenden Long-
*drink unbedingt im legendären
Hotel Raffles zu sich nehmen,
das nach einem Handelsmann
des 19. Jahrhunderts benannt
wurde. Ursprünglich ein Getränk
für die vornehmen Damen, woran
immer noch die rosarote Farbe
erinnert, laben sich heute ebenso
viele Herren wie Damen daran.*

VIETNAM UND KAMBODSCHA

Was die Chinesen nicht mögen, gehört in Vietnam und Kambodscha zur guten Küche: Salat und viele frische Kräuter. Allgegenwärtig ist eine Fischsauce, in die fast alles getunkt wird. Baguette und Kaffee haben die Franzosen in Vietnam hinterlassen.

FRÜHLINGSROLLEN MIT DIP

20 Reispapierhüllen
2–3 Wolkenohrpilze (Mu-Err-Pilze), 25 g Glasnudeln
150 g gekochte, geputzte Garnelen
3 Frühlingszwiebeln
2 Knoblauchzehen
1 Möhre
300 g Schweinehack-fleisch, Salz, Chilipulver
2 TL brauner Zucker
7 EL Fischsauce
100 g Mungbohnensprossen, Koriandergrün
Minze, Basilikum
Eisbergsalat
Dip: 2 rote Chilischoten
6 EL Kokosmilch, 2 EL Limettensaft, 1 EL fein geriebener Rettich

NUDELSUPPE MIT RINDFLEISCH

200 g Zwiebeln
2 Knoblauchzehen
5 cm Ingwer
500 g Rindfleisch (Schaufelbug)
2 Sternanis, 2 Gewürznelken, 1 TL Pfefferkörner
1 EL Salz
1 Zimtstange
4,5 Liter Wasser
300 g frische Eiernudeln
200 g Rinderfilet
3 Frühlingszwiebeln
100 g Mungbohnensprossen, Koriandergrün

FRÜHLINGSROLLEN MIT DIP

Cha Gio

Die Reispapierhüllen zwischen nasse Küchentücher legen, bis sie weich sind. Die Pilze und Glasnudeln getrennt in jeweils ¼ Liter heißem Wasser einweichen.
Die Garnelen entdarmen und hacken. Das Helle der geputzten Frühlingszwiebeln in dünne Scheiben schneiden. Knoblauch abziehen, fein hacken. Möhre schälen, in feinste Streifen schneiden (Tipp: erst mit dem Sparschäler in Scheiben, dann übereinandergelegt in feine Streifen). Die eingeweichten Pilze und Nudeln klein schneiden. Alles mit dem Hackfleisch mischen und mit Salz, Chilipulver, 1 TL Zucker und 1 EL Fischsauce würzen.
Die Sprossen mit 1 Liter heißem Wasser überbrühen. Kräuter und Salat putzen, waschen, mit den Sprossen auf Tellern anrichten. Jeweils 2 EL Füllung auf eine Reispapierhülle geben und sorgfältig einrollen. Die Frühlingsrollen nacheinander in reichlich Öl frittieren.
Für den Dip Chillies entkernen, fein hacken. Mit dem Rest Fischsauce und Zucker, Kokosmilch, Limettensaft, Rettich verrühren

NUDELSUPPE MIT RINDFLEISCH

Pho Bo

Zwiebeln und Knoblauch abziehen, Ingwer schälen. Alle 3 Gewürze grob hacken. Das Fleisch mit Zwiebeln, Knoblauch, Ingwer und allen Gewürzen sowie mit 2,5 Liter Wasser zum Kochen bringen. Den aufsteigenden Schaum öfter abheben. Das Fleisch 2 ½ bis 3 Stunden leise kochen.
Fleisch herausnehmen, Brühe abseihen. Nudeln in dem restlichen Wasser 2 Minuten garen, abgießen, auf tiefe Schalen verteilen. Das Fleisch in dünne Scheiben schneiden und dazulegen. Das Rinderfilet in hauchdünne Scheiben schneiden. Zu dem gekochten Fleisch legen. Das Helle der geputzten Frühlingszwiebeln in dünne Scheiben schneiden und mit den Sprossen auf die Schalen verteilen. Mit heißer Brühe auffüllen und mit Koriandergrün bestreuen.

*D*iese Suppe ist ein typisch vietnamesisches Nationalgericht. Sie wird zu jeder Tageszeit genossen. Reichen Sie dazu eine süßsaure Chilisauce und den Dip Nuoc Cham von den Frühlingsrollen.

SCHWEIN UND KOKOS-MILCH

SCHWEINEFLEISCH IN KOKOSMILCH

750 g magere Schweine-schulter ohne Knochen
1 TL weiße Pfefferkörner
4 Knoblauchzehen
10 EL Fischsauce
3 EL brauner Zucker
1 EL Salz
4 EL Pflanzenöl
½ Liter Kokosmilch
Sauce: 2 rote Chilischoten
2 EL gehackte Erdnüsse
1 EL Reisessig

SCHWEINEFLEISCH-BÄLLCHEN

500 g magerer Schweine-bauch
3 Knoblauchzehen
4 cm Ingwer
3 Frühlingszwiebeln
3 rote Chilischoten
Salz, 2 TL brauner Zucker
1 Eiweiß
6 EL Pflanzenöl
4 kräftige Stängel Zitro-nengras
Dip: 3 Tomaten
¼ Liter Kokosmilch
etwas Limettensaft
Außerdem:
1 feste Banane
½ Salatgurke
12 cm weißer Rettich
125 g Mungbohnen-sprossen
1 Bund Basilikum
1 Bund Minze
20 Reispapierhüllen
1 Eisbergsalat

SCHWEINEFLEISCH IN KOKOSMILCH
Thit Heo Kho

Das Fleisch in eigroße Stücke schneiden. Pfeffer im Mörser fein zerreiben. Knoblauch abziehen, fein hacken. Pfeffer mit Knob-lauch, 4 EL Fischsauce, 2 EL Zucker und Salz mischen, das Fleisch damit einreiben. Gekühlt 2 Stunden durchziehen lassen. Öl im Wok erhitzen, das Fleisch darin kräftig anbraten. Die Kokos-milch angießen, alles abgedeckt gut 40 Minuten garen.
Für die Sauce Chillies entker-nen, in feine Streifen schneiden. Mit dem Rest Fischsauce und Zucker, Erdnüssen, Essig und etwas Wasser verrühren.
Das Fleisch mit Reis und nach Belieben fein geschnittenen Lauchzwiebeln, Karotten, Minze oder Koriandergrün und Sauce in verschiedenen Schalen anrichten.

SCHWEINEFLEISCH-BÄLLCHEN
Nem Nuong

Fleisch zweimal durch die feine Scheibe des Fleischwolfs drehen. Knoblauch abziehen, Ingwer schälen, beides fein hacken. Jeweils ⅓ davon beiseite legen, den Rest zum Fleisch geben. Das Helle der geputzten Frühlings-zwiebeln fein, das Dunkle in Röll-chen schneiden, beiseite legen. Chillies entkernen, fein hacken. Helle Teile der Frühlingszwie-beln, 1 Chili, Salz, 1 TL Zucker, Eiweiß und 1 EL Öl zum Hack-fleisch geben und alles gut mischen. Aus der Masse 20 gleich große Bällchen formen, jeweils 5 Bällchen auf einen Zitronengrasstängel stecken, mit etwas Öl bestreichen, braten oder grillen.
Für den Dip die Tomaten mit einem Sparschäler schälen, ent-kernen, fein hacken. 1 EL Öl erhitzen, Tomaten, zurückgeleg-ten Knoblauch, Ingwer, gehackte Chillies, etwas Salz, den Rest Zucker und Kokosmilch erhitzen. Die Flüssigkeit um etwa die Hälf-te einkochen. Dip mit Limetten-saft würzen, mit Zwiebelgrün bestreuen und abkühlen lassen. Banane, Gurke und Rettich schälen, in Streifen schneiden. Sprossen mit etwa 1 Liter kochendem Wasser übergießen, abtropfen lassen. Kräuter nach Bedarf waschen und trockentup-fen. Reispapierhüllen zwischen nassen Küchentüchern anfeuch-ten. Gemüse und Kräuter darin einwickeln und mit den gegrill-ten Fleischbällchen auf Salat-blättern mit dem Dip anrichten.

HUHN MIT ZITRONENGRAS
ENTE MIT BANANE

HUHN MIT ZITRONEN-GRAS (oben)

2 Hähnchen à 900 g
Pflanzenöl zum Braten
1 Bund Frühlingszwiebeln
4 Stängel Zitronengras
2 rote Chilischoten
1 Knoblauchzehe
2 cm Ingwer
Salz, 1 TL brauner Zucker
3 EL Fischsauce
2 EL dunkle Sojasauce
2 EL Limettensaft
frisch gemahlener Pfeffer
1 große Mango
4 Tomaten, 40 g Erdnüsse

ENTE MIT BANANE

10 EL Wasser
1 rote Chilischote
4 cm Ingwer
2 Knoblauchzehen
2 Schalotten
1 TL weiße Pfefferkörner
3 EL Tamarindenpaste
4 EL Fischsauce
4 EL helle Sojasauce
2 EL Limettensaft
2 Entenbrustfilets
6 EL Pflanzenöl
1 Gemüsezwiebel
125 g Mungbohnen-
sprossen
150 g Zuckerschoten
2 Kochbananen, Salz
Koriandergrün

Tipp:
*Es gibt Tamarindenpaste,
die bereits etwas flüssiger
ist.*

HUHN MIT ZITRONENGRAS
Ga Xao Hot

Die Hähnchen je in 4 Stücke
schneiden, nacheinander im Wok
in etwas Öl anbraten. Die Teile
herausnehmen.
Das Helle der Frühlingszwiebeln
in feine Scheiben, das Dunkle
schräg in Röllchen schneiden.
Das Zarte des Zitronengrases fein
hacken. Chillies entkernen,
1 Schote hacken, die andere
schräg in schmale Streifen
schneiden und beiseite legen.
Knoblauch abziehen, Ingwer
schälen, beides hacken. Noch
etwas Öl in den Wok gießen.
Helle Zwiebeln, Zitronengras,
gehackte Chillies, Knoblauch und
Ingwer im heißen Öl 1 Minute
braten, das Fleisch wieder hinzufügen, mit Salz, Zucker, Fisch-
und Sojasauce und Limettensaft
würzen. Unter Rühren 20 bis
25 Minuten garen.
Alles mit reichlich Pfeffer bestreuen. Mango vom Stein
schneiden, schälen und würfeln.
Tomaten vom Stielansatz befrei-
en, häuten, entkernen, würfeln.
Erdnüsse ohne Fett rösten und
grob hacken.
Mango und Tomaten mit Huhn
mischen und noch einmal erhitzen. Mit Erdnüssen, Zwiebelgrün
und Chilistreifen bestreuen.

ENTE MIT BANANEN
Vit Chuoi

Chili entkernen, hacken. Ingwer,
Knoblauch und Schalotten schälen, alles klein schneiden. Pfeffer
im Mörser zerreiben. Tamarindenpaste mit den zerkleinerten
Zutaten, beiden Würzsaucen und
Limettensaft mischen. Haut der
Entenbrustfilets fein rautenförmig
einschneiden. Mit der Marinade
bestreichen, gekühlt 2 Stunden
durchziehen lassen.
2 EL Öl im Wok erhitzen. Zwiebel abziehen, in feine Ringe
schneiden, im Öl knusprig braten, abkühlen lassen. Sprossen
mit 1 Liter kochendem Wasser
übergießen. Zuckerschoten
putzen, längs in dünne Streifen
schneiden. Bananen schälen, in
schräge Scheiben schneiden.
Etwas Öl in den Wok gießen, die
Bananen darin unter Rühren
10 Minuten braten, herausnehmen. Rest Öl im Wok erhitzen.
Die Marinade vom Fleisch streifen. Fleisch in fingerdicke Stücke
schneiden, im Öl einige Minuten
braten, herausnehmen. Bananen,
Sprossen, Zuckerschoten und
Marinade hinzufügen, 5 Minuten
braten, mit leicht salzen. Enten-
fleisch mit allen Zutaten erhitzen
und mit gerösteten Zwiebeln und
Koriandergrün bestreuen.

GEFÜLLTE AUBERGINEN
FISCHSUPPE MIT GEMÜSE

GEFÜLLTE AUBERGINEN

4 längliche Auberginen
Pflanzenöl zum Braten
Salz
1 Bund Frühlingszwiebeln
3 Knoblauchzehen
2 rote Chilischoten
300 g rohe Riesengarnelen
ohne Kopf, 3 cm Ingwer
4 EL Erdnüsse
1 kleine Karotte
1 Schalotte
2 EL Reisessig
1 EL brauner Zucker
6 EL Fischsauce
1 EL Austernsauce
4 EL Kokosmilch

FISCHSUPPE MIT GEMÜSE

500 g Fischfilet (Rotbarsch
oder Lotte)
2 EL Tamarindenmark
6 EL heißes Wasser
4 mittelgroße rohe Garne-
len ohne Kopf
1 rote Chilischote
1 Stängel Zitronengras
2 Frühlingszwiebeln
4 Tomaten
100 g Okraschoten
1 kleine Karotte
1 Liter Fischfond
100 g Mungbohnen-
sprossen
4 Stängel Minze
3 EL Fischsauce
1 EL brauner Zucker, Salz
frisch gemahlener Pfeffer
2 Schalotten
1 TL Pflanzenöl

GEFÜLLTE AUBERGINEN
Ca Tim Nuong

Auberginen längs halbieren, in heißem Öl beidseitig je etwa 8 Minuten braten. Fruchtfleisch in eine Schüssel löffeln und salzen. Das Helle der Zwiebeln in kleine Würfel, das Dunkle in feine Streifen schneiden, beiseite legen. Knoblauch abziehen, fein hacken. Chillies entkernen, klein schneiden. Garnelen aus dem Panzer brechen, entdarmen, grob zerkleinern. Ingwer schälen, in feinste Streifen schneiden, 1/3 beiseite legen. Auberginenpüree, das Helle der Lauchzwiebeln, Knoblauch, Ingwer und die Hälfte der Chillies dazugeben, mit den Garnelen mischen, in die ausgehöhlten Auberginen füllen. Diese in eine feuerfeste Form setzen, mit etwas Öl begießen, im vorgeheizten Backofen bei 180 °C 20 bis 25 Minuten garen. Erdnüsse fettfrei rösten, fein hacken. Karotte schälen, in feinste lange Streifen schneiden. Schalotte abziehen, würfeln.
Etwas Öl im Wok erhitzen, die 2. Hälfte Chillies, Ingwer, Erdnüsse, Karotte und Schalotte darin gut 1 Minute braten. Mit Reisessig, Zucker, beiden Würzsaucen und Kokosmilch mischen und salzen. Mit Zwiebelgrün bestreuen.

FISCHSUPPE MIT GEMÜSE
Canh Chua

Fisch in 2 cm große Würfel schneiden. Tamarindenmark mit Wasser glatt rühren, durch ein Sieb streichen. Garnelen aus dem Panzer lösen, Schwanz stehen lassen, aber entdarmen. Chili entkernen, in feine Streifen schneiden. Das Zarte des Zitronengrases klein schneiden. Das Helle der Frühlingszwiebeln fein hacken, das Dunkle in Röllchen schneiden, beiseite legen. Stielansatz der Tomaten entfernen, Früchte schälen, entkernen, in Spalten schneiden. Okraschoten schräg in 1 cm breite Stücke schneiden. Karotte schälen und in streichholzgroße Streifen schneiden.
Fischfond aufkochen, Tamarindenmark, Minze, alle zerkleinerten Zutaten bis auf Tomaten, Fisch und Garnelen darin 5 Minuten garen. Sprossen, Tomaten, Fisch und Garnelen dazugeben, weitere 5 Minuten garen.
Minze entfernen. Suppe mit Fischsauce, Zucker, Salz und Pfeffer abschmecken. Schalotten abziehen, fein schneiden, im heißen Öl knusprig braten.
Mit dem Zwiebelgrün über die Suppe streuen.

GEFÜLLTE PFANNKUCHEN
BANANENAUFLAUF

GEFÜLLTE PFANNKUCHEN

Teig: 200 g Reismehl
1 TL Kurkumapulver
1 TL Zucker, Salz, 1 Ei
300 ml Kokosmilch
etwa 100 ml Wasser
Füllung: 4 Wolkenohr-
pilze (Mu-Err-Pilze)
300 ml warmes Wasser
125 g gegarter, magerer
Schweinebauch in Schei-
ben, 350 g rohe Garnelen
ohne Kopf, 125 g Mung-
bohnensprossen
4 Frühlingszwiebeln
1 rote Chilischote
Pflanzenöl zum Backen
frisch gemahlener Pfeffer
Kräuter wie Basilikum,
Koriander, Minze
8–10 große Salatblätter
Dip: 6 EL Fischsauce
2 EL Sojasauce
1 TL brauner Zucker
1 EL Limettensaft
2 EL gehacktes Koriander-
grün, 4 getrocknete, zer-
riebene Chilischoten, 1 EL
fein gehackte Erdnüsse

BANANENAUFLAUF

4 reife Kochbananen
2 EL Pflanzenöl
250 g Palmzucker, ¼ Liter
Kokosmilch, 2 cm Ingwer
1 Vanillestange
etwas abgeriebene Limet-
tenschale
1 Baguettebrötchen
4 EL flüssige Butter
2 EL Kokosflocken

GEFÜLLTE PFANNKUCHEN

Banh Khoai

Für den Teig Reismehl mit
Kurkuma, Zucker, etwas Salz, Ei,
Kokosmilch und Wasser glatt
rühren. Den Teig 30 Minuten
ruhen lassen, eventuell noch
etwas Wasser zufügen.

Für die Füllung getrocknete
Pilze 20 Minuten im Wasser einweichen, dann in feine Streifen
schneiden. Fleisch in lange Streifen schneiden, Garnelen aus dem
Panzer brechen, entdarmen, grob
hacken. Sprossen abbrausen. Das
Helle der geputzten Frühlingszwiebeln längs in feine Streifen
schneiden. Rote Chili entkernen,
hacken. Alle Zutaten für die Füllung mischen.

Etwas Öl in einer Pfanne erhit-
zen, etwas Teig dazugeben. Den
Pfannkuchen 1 Minute braten.
Etwas von der Füllung darüber
streuen, mit Salz und Pfeffer wür-
zen. Die Pfanne abdecken, den
Pfannkuchen weitere 2 bis 3
Minuten bei milder Hitze garen.
Kräuter verlesen, ein paar Blätter
auf 1 Salatblatt geben, den
Pfannkuchen darauf setzen und
aufrollen.

Für den Dip die restlichen Zutaten miteinander mischen.

BANANENAUFLAUF

Banh Chuoi Nuong

Bananen schälen, 1-mal quer,
1-mal längs durchschneiden. Öl
erhitzen, die Bananen sanft rundherum 2 Minuten schmoren.
Den Palmzucker zwischen
Gefrierbeuteln zerstoßen. Etwa
die Hälfte mit den Bananen
mischen. Restlichen Zucker mit
Kokosmilch verrühren.
Ingwer schälen, fein zur Kokosmilch reiben. Vanilleschote aufschlitzen, das Mark herausscha-
ben, beides zur Kokosmilch
geben. Diese erhitzen, bis sich
der Zucker gelöst hat. Limettenschale einrühren, Vanilleschote
entfernen. Brötchen in dünne
Scheiben schneiden und mit der
Kokosmilch begießen.
Eine quadratische oder runde
Form (20–24 cm groß) mit etwas
Butter einfetten. Zuunterst in
hübschem Muster eine Schicht
Bananen, darüber das Brot legen.
Die Form so füllen, zuoberst mit
Brot. Mit der restlichen Butter
beträufeln und im vorgeheizten
Backofen bei 170 °C 1 Stunde
backen.
Den Auflauf auskühlen lassen.
Kokosflocken in einer fettfreien
Pfanne rösten und darüber streu-
en. Dazu schmeckt vorzüglich ein
frisch hergestelltes Ananaspüree.

GEGRILLTE FISCHE

4 Fische à ca. 300 g
(Snapper, Barsch oder
Brasse)
6 EL Fischsauce
2 EL Pflanzenöl
3 Knoblauchzehen
2 rote Chilischoten
4 cm Ingwer
Salz
frisch gemahlener Pfeffer
4 Stängel Zitronengras
1 Bund Frühlingszwiebeln
1 Karotte

Dip:
1 TL brauner Zucker
1 EL Reisessig
1 unbehandelte Orange

gemischte Salatblätter
Minze, Basilikum, Korian-
dergrün

Tipp:
So wird der gegrillte Fisch
stilecht gegessen: Etwas
Fischfleisch wird mit eini-
gen Kräutern in ein Salat-
blatt gerollt und in den
Dip getaucht.

TREY AING

Die Fische innen und außen
waschen und trockentupfen.
Auf beiden Seiten zweimal
schräg einschneiden. 2 Esslöffel
Fischsauce mit dem Öl verrühren.
Knoblauch abziehen und fein
hacken. Chilischoten entkernen,
Ingwer schälen und beides in
feine Streifen schneiden. Jeweils
die Hälfte des Knoblauchs, der
Chillies und des Ingwers mit der
Fischsauce mischen, mit Salz und
Pfeffer würzen.
Die Fische mit der Sauce innen
und außen einreiben und im
Kühlschrank 1 Stunde ziehen
lassen.
Die Zitronengrasstängel auf die
Länge der Fische stutzen und
jeweils 1 Stängel in einen Fisch-
bauch legen. Den hellen Teil der
geputzten Frühlingszwiebeln in
feine Scheiben schneiden und
die Hälfte ebenfalls in die Fisch-
bäuche legen. Den dunkelgrünen
Teil der Frühlingszwiebeln in
sehr dünne, lange Streifen
schneiden.
Die Fische über oder unter dem
Grill auf jeder Seite 5 bis 7 Minuten grillen.

Für den Dip die restliche
Fischsauce mit dem restlichen
Knoblauch, Zwiebelscheiben,
Chilistreifen und Ingwer
mischen. Die Karotte schälen und
fein zum Dip reiben, Zucker und
Reisessig einrühren. Die Orange
waschen und trockenreiben. Einige Schalenstreifen zum Dip
geben. Die Orange filetieren.
Den gegrillten Fisch auf Salatblättern und Kräutern anrichten.
Zwiebelgrün und Orangenfilets
über die Fische streuen.

Wie überall in Asien legt
man auch in Kambodscha
Wert auf eine dekorative Dar-
bietung der Speisen. Fische, aber
auch Fleischbällchen oder anmu-
tig gefüllte Röllchen werden
nicht nur auf Salatblätter gelegt,
sondern auch auf Bananenblüten.
Das Innere dieser Blüten und
Knospen ist sehr zart und essbar.
Es wird in feinste Streifen
geschnitten, gut 2 Stunden ge-
wässert und mit Salatblättern,
Kräutern, Fleisch oder Fisch auf
Tellern und Platten angerichtet.

Thailand, Laos und Birma

Leicht, wunderbar wohlriechend und höllisch scharf ist
die Thai-Küche. Sie wurde so gut wie gar nicht von den
anderen asiatischen Ländern beeinflusst. Die Küche von
Birma (amtlich: Myanmar) dagegen weist viele Elemente
der indischen Küche auf. Laos, ein Land ohne Zugang zum
Meer, besitzt eine eigenständigen Küche, in der Wild-
fleisch und Flussfische neben Gemüse die Hauptrolle
spielen.

GARNELENTOPF
HÜHNERSUPPE

GARNELENTOPF

750 g mittelgroße, rohe
Garnelen mit Kopf
2 Knoblauchzehen
2 Zwiebeln
2 EL Pflanzenöl
2 EL Tamarindenmark
¾ Liter Wasser
4 cm Ingwer
4 cm Kurkumawurzel
3 Stängel Zitronengras
4 rote Chilischoten
4 Kaffir-Limettenblätter
½ Liter Kokosmilch
Salz, 1 EL brauner Zucker
4 EL Fischsauce
2–4 EL Limettensaft
Koriandergrün

HÜHNERSUPPE

500 g Hühnerflügel
1 Liter Wasser
1 EL Reismehl
2 EL Fischsauce, Salz
1 Bund Frühlingszwiebeln
150 g Chinakohl
2 cm Galgant
½ grüne Paprikaschote
2 rote Chilischoten
6 Knoblauchzehen
1 EL Pflanzenöl
1 kleine Rispe frischer
Pfeffer oder eingelegte
grüne Pfefferkörner
2 EL Austernsauce
2 EL dunkle Sojasauce
350 g Hühnerbrustfilet
2 EL gehacktes Sellerie-
grün

GARNELENTOPF

Tom Yam Gung

Die Garnelen aus dem Panzer brechen und entdarmen. Köpfe und Panzer abspülen, abtropfen lassen. Knoblauch und Zwiebeln abziehen und klein schneiden. Das Öl erhitzen und Knoblauch und Zwiebeln darin kurz anschwitzen, Garnelenköpfe und Panzer dazugeben und kurz rösten, Tamarindenmark und Wasser hinzufügen und 30 Minuten köcheln lassen.

Die Garnelenbrühe abseihen. Ingwer und Kurkuma schälen und fein hacken. Den hellen Teil des Zitronengrases ebenfalls klein hacken. Chilischoten entkernen und in feine Streifen schneiden. Alles mit den Kaffirblättern und der Kokosmilch mischen und zum Kochen bringen.

Die Garnelen hinzufügen und 4 bis 6 Minuten kochen. Mit Salz, Zucker, Fischsauce und Limettensaft pikant abschmecken und mit Koriandergrün bestreuen.

*D*ieses ist eines der zahlreichen Suppenrezepte aus der thailändischen Küche. Sehr beliebt ist die Fischsuppe, die fast alles enthält, was aus dem Meer kommt, und frisch-feurig gewürzt wird.

HÜHNERSUPPE

Gaeng Jued Gai

Die Hühnerflügel mit dem Wasser, bis auf 3 Esslöffel, aufkochen. Das restliche Wasser mit dem Reismehl mischen und beiseite stellen. Fischsauce und Salz zu den Flügeln geben und 1 Stunde köcheln lassen.

Den hellen Teil der geputzten Frühlingszwiebeln in feine Scheiben, den dunkelgrünen schräg in Röllchen schneiden und beiseite legen. Den Chinakohl in feine Streifen schneiden.

Galgant schälen und fein hacken. Paprikaschote und Chilischoten entkernen und in feine Streifen schneiden. Knoblauch abziehen, 2 Zehen hacken, den Rest in feine Scheiben schneiden, im heißen Öl goldgelb rösten und beiseite legen.

Die Brühe abseihen und mit den hellen Zwiebelscheiben, Chinakohl, Galgant, Paprika, Chillies, gehacktem Knoblauch, grünem Pfeffer und den beiden Würzsaucen wieder zum Kochen bringen. Das Fleisch in kleine Würfel schneiden und in der Brühe 3 bis 4 Minuten garen. Das angerührte Reismehl dazugießen und einmal aufkochen lassen. Mit Zwiebelgrün, gebratenen Knoblauchscheiben und Selleriegrün bestreuen.

Thailand, Laos und Birma

SCHWEINEFLEISCH UND GARNELEN IM HEMD

SCHWEINEFLEISCH IM HEMD (unten)

2 cm Ingwer
2 Frühlingszwiebeln
2 Knoblauchzehen
2 rote Chilischoten
1 Hand voll Spinatblätter
5 EL Pflanzenöl
200 g Schweinehackfleisch
2 EL Fischsauce
1 EL Reiswein
Salz, 1 TL brauner Zucker
4 Eier, 1 EL Sesamöl

GARNELEN IM HEMD

12 rohe mittelgroße Garnelen mit Kopf
75 g Reis-Vermicelli
1 Liter kochendes Wasser
2 Knoblauchzehen
2 cm Ingwer
4 rote Chilischoten
4 EL gehacktes Koriandergrün
Salz, 4 EL Fischsauce
4 EL Mehl, 2 Eier
Pflanzenöl zum Frittieren
2 EL Garnelenpaste
4 EL heißes Wasser
1 EL Limettensaft
1 TL brauner Zucker

Tipp:

Zu beiden Thai-Snacks passt auch Nam Prik, ein scharfer Dip aus Chillies, Knoblauch, Ingwer- und Limettensaft, Fischsauce, dunkler Sojasauce, Hühnerbrühe, Salz und Zucker.

SCHWEIN IM HEMD

Rhum

Ingwer schälen, sehr fein hacken. Das Helle der Frühlingszwiebeln sehr klein schneiden. Knoblauch abziehen, Chillies entkernen, beides fein hacken. Spinat putzen und waschen. 1 EL Öl im Wok erhitzen, Spinat darin zusammenfallen lassen, herausnehmen, mittelfein hacken. 2 EL Öl in den Wok gießen, Ingwer, Zwiebeln, Knoblauch und Chillies anbraten. Hackfleisch im Wok unter Rühren garen. Spinat, Fischsauce und Reiswein zugeben, gut mischen. Mit Salz und Zucker abschmecken. Die Füllung warm halten.

Für die Hüllen Eier mit Salz gut verrühren, durch ein feines Sieb gießen. Aus festem Papier oder einem Stück Bananenblatt eine spitze Tüte formen. Die Spitze knapp abschneiden. Etwas Pflanzenöl mit etwas Sesamöl im Wok oder in beschichteter Pfanne erhitzen. Etwas Ei in den Trichter füllen, schwungvoll eine Art Spitzenhemd (ca. 8 cm groß) in Wok oder Pfanne spritzen und stocken lassen. – Die filigrane Eihülle vorsichtig lösen, auf Alufolie ausbreiten. Alle Hüllen so aus der Eimasse herstellen. Jeweils etwas warme Fleischmasse auf die Eihülle setzen, aufrollen.

GARNELEN IM HEMD

Gung Sarong

Garnelen aus dem Panzer brechen, Schwanz lassen, aber Kopf und Darm entfernen. Nudeln mit kochendem Wasser übergießen, kurz stehen lassen, abgießen, abtropfen lassen. Knoblauch abziehen, Ingwer schälen, beides klein schneiden. Chillies entkernen, 2 klein schneiden, zum Ingwer geben, 2 in feinste Streifen schneiden, beiseite legen. – Knoblauch, Ingwer, gehackte Chillies und 2 EL Koriandergrün im Mörser zerreiben, mit Salz und 1 EL Fischsauce würzen. Garnelen damit bestreichen. Mehl mit Eiern, 1 EL Fischsauce und Salz verrühren. Nudeln auf ein Tuch legen, in 12 gleich große Stücke teilen und längs ausbreiten. Reichlich Öl in Fritteuse oder hohem Topf erhitzen. Garnelen in die Eimasse tauchen, abtropfen lassen, jede Garnele sorgfältig mit Nudeln umhüllen. Im heißen Fett goldgelb frittieren.

Für den Dip Chilistreifen, Koriandergrün und Rest Fischsauce verrühren. Garnelenpaste mit heißem Wasser übergießen, kurz stehen lassen, im Mörser zerreiben. Dip mit Limettensaft, Garnelenpaste, Salz und Zucker abschmecken.

Thailand, Laos und Birma

PAPAYASALAT
RINDFLEISCHSALAT

PAPAYASALAT

einige Salatblätter
Thai-Basilikum
Koriandergrün
1 Karotte
4 Frühlingszwiebeln
1 unreife Papaya
75 g getrocknete Garnelen
½ Liter heißes Wasser
3 rote Chilischoten
5 Knoblauchzehen
2 EL Fischsauce
6 EL Limettensaft
1 EL brauner Zucker
Salz
75 g ungesalzene Erdnüsse

RINDFLEISCHSALAT

½ Eisbergsalat
½ Endiviensalat
200 g Kirschtomaten
½ Salatgurke
4 Frühlingszwiebeln
1 Mango
4 rote Chilischoten
2 Knoblauchzehen
2 cm Ingwer
2 EL Fischsauce
2 EL dunkle Sojasauce
2 EL Limettensaft
1 TL Salz
1 TL brauner Zucker
2 Scheiben Rumpsteak à
200 g oder 400 g Enten-
brust
Pflanzenöl zum Braten
und Frittieren
100 g Reis-Vermicelli

PAPAYASALAT

Yam Ma La Kaw

Die Salatblätter je nach Größe
zerkleinern. Mit den Kräutern auf
einer Platte anrichten. Karotte
schälen, in spaghettidünne Streifen schneiden. Frühlingszwiebeln
quer einmal durchschneiden, den
oberen dunkelgrünen Teil wegschneiden. Zwiebeln längs in
hauchdünne, lange Streifen
schneiden. Jeweils die Hälfte der
Karotten- und Zwiebelstreifen
zum Salat geben.
Papaya schälen, entkernen und
raspeln – da sie stark kleben, am
besten mit dünnen Handschuh-
en. Garnelen im heißen Wasser
quellen lassen. Chillies entkernen, 1 in schmale Streifen
schneiden, beiseite legen,
2 Schoten klein schneiden. Knoblauch abziehen, die Garnelen
abgießen. Papaya, Garnelen,
klein geschnittene Chillies und
Knoblauch mit der Fischsauce
im Mixer pürieren.
Mit Limettensaft, Salz und Zucker
abschmecken.
Die Papayacreme auf dem Salat
verteilen. Mit den restlichen
Karotten-, Zwiebel- und Chilistreifen bestreuen. Zum Schluss
grob gehackte Erdnüsse darüber
geben.

RINDFLEISCHSALAT

Nua Pad Prik

Die Salatblätter auf einem großen
Teller anrichten. Von den Tomaten Stielansatz entfernen, Früchte
halbieren. Gurke streifig schälen,
in hauchdünne Scheiben hobeln.
Hellen und hellgrünen Teil der
Frühlingszwiebeln in feine, lange
Streifen schneiden. Alles zum
Salat geben.
Mango schälen, in dünne Spalten
schneiden. Chillies entkernen, in
feine Streifen schneiden. Knoblauch abziehen, Ingwer schälen,
beides hacken. Die Hälfte der
Chillies mit Knoblauch, Ingwer,
beiden Würzsaucen, Limettensaft, Salz und Zucker mischen
und im Mörser zerreiben.
Das Fleisch mit der Würzsauce
einreiben, 30 Minuten kühl
stellen. Etwas Öl erhitzen, das
Fleisch darin auf jeder Seite 3
Minuten braten, kurz ruhen lassen, in dünne Streifen schneiden
und auf dem Salat anrichten.
Die Reis-Vermicelli auseinander
ziehen, mit einer Schere klein
schneiden. Reichlich Öl in
hohem Topf oder Fritteuse erhitzen, die Nudeln darin frittieren.
Abgetropft zum Fleisch geben
und alles mit dem Rest Chilistreifen und den Mangospalten
bestreuen.

GEFÜLLTE ANANAS
GRÜNES HÜHNERCURRY

GEFÜLLTE ANANAS

300 g Jasminreis
1,6 Liter Wasser
2 Stängel Zitronengras
1 EL Kurkumapulver
4 Frühlingszwiebeln
2 Knoblauchzehen
4 cm Ingwer
1 rote Chilischote
4 EL Pflanzenöl
350 g rohe Garnelen mit Kopf
1 große Ananas
10 Cashewkerne
Salz, 2 EL Fischsauce
1 TL weiße Pfefferkörner

Tipp:
Achten Sie darauf, dass Sie eine vor Ort reif ge-erntete Ananas kaufen: herrlich duftend, wunderbar aromatisch.

GRÜNES HÜHNER-CURRY

2 Kaffir-Limettenblätter
1 Limette
2 grüne Chilischoten
2 Zwiebeln
2 EL Pflanzenöl
1 TL Korianderkörner
2 EL grüne Currypaste
½ Liter Kokosmilch
4 weiße, runde Aubergi-nen, 100 g Okraschoten
800 g Hähnchenbrustfilet
2 EL Fischsauce
2 EL helle Sojasauce
Salz, 1 TL brauner Zucker
1 rote Chilischote
Thai-Basilikum

GEFÜLLTE ANANAS
Khao Phad Sapporod
Reis in 1 Liter Wasser 1 Stunde ruhen lassen, abgießen, gründlich unter fließendem Wasser abspülen. Zitronengrasstängel längs halbieren. Reis mit 600 ml Wasser, Zitronengras und 1 TL Kurkuma aufkochen. Temperatur verringern, Reis im geschlosse-nen Topf 15 Minuten garen. Neben dem Herd 30 Minuten quellen lassen.
Zitronenstängel entfernen. Das Helle der Frühlingszwiebeln in feine Scheiben, das Dunkle in Röllchen schneiden, beiseite legen. Knoblauch abziehen, Ingwer schälen, beides fein hacken. Chili entkernen, in feine Streifen schneiden.
Die Hälfte Öl im Wok erhitzen, helle Zwiebeln, Knoblauch, Ing-wer und Chillies darin anbraten. – Garnelen aus dem Panzer bre-chen, Kopf und Darm entfernen. Ananas mitsamt dem Schopf längs halbieren, Fruchtfleisch herauslösen, harte Mitte weg-schneiden, Fruchtfleisch würfeln. – Cashewkerne und Ananaswür-fel zu den Zwiebeln geben, alles kurz anbraten. Garnelen und restliches Kurkuma hinzufügen und 3 Minuten schmoren. – Etwa 1 TL Salz und die Fischsauce hin-zufügen. Pfeffer im Mörser zerrei-ben, mit restlichem Öl und Reis in den Wok geben, einige Minu-ten braten, alles ständig mischen. Die Ananashälften im heißen Ofen bei 180 °C etwa 10 Minu-ten erwärmen. Mit dem Reis fül-len und Zwiebelgrün bestreuen.

GRÜNES HÜHNERCURRY
Kai Kaen
Die Kaffirblätter in feinste Strei-fen schneiden. Limette waschen, trockenreiben, Schale in dünnen Streifen abziehen, Frucht aus-pressen. Grüne Chillies entker-nen, fein hacken. Zwiebeln abzie-hen, würfeln. Öl erhitzen, Kaffir-blätter, Limettenschale, Chillies und Zwiebeln darin kurz braten. Korianderkörner, Currypaste und Kokosmilch einrühren, aufko-chen.
Auberginen und Okra putzen, Auberginen vierteln, Okra quer halbieren. Das Gemüse in der Kokosmilch 10 Minuten garen. Das Fleisch würfeln, 3 bis 5 Minuten in der Kokosmilch garen. Das Curry mit Limetten-saft, den Würzsaucen, Salz und Zucker abschmecken. Rote Chili entkernen, in feine Streifen schneiden. Mit Basilikum über das Curry streuen.

GEGRILLTER HUMMER
TINTENFISCH IN CHILISAUCE

GEGRILLTER HUMMER

4 Hummer, tiefgekühlt
oder gekocht
4 EL Pflanzenöl
1 EL dunkles Sesamöl
2 getrocknete Chilischoten, Salz
2 cm Ingwer, je 4 Zwiebeln, Knoblauchzehen,
Kaffir-Limettenblätter
6 rote Chilischoten
1 EL Austern-, 2 EL Fisch-,
2 EL helle Sojasauce
je 1 TL Reisessig, brauner
Zucker, Reismehl, 4 EL
Fischbrühe oder Wasser
1 Bund Frühlingszwiebeln
2 grüne Chilischoten

Tipp:
*Frische Hummer werden
so getötet: rascher Stich
ins Genick und ein Schnitt
längs, evtl. noch in
kochendes Wasser legen.*

TINTENFISCH IN
CHILISAUCE

750 g küchenfertige Tintenfische
1 TL weiße Pfefferkörner
1 Bund Frühlingzwiebeln
2 Knoblauchzehen, 2 cm
Ingwer, 4 cm Kurkumawurzel, 4 rote Chilischoten, 4 EL Pflanzenöl, 2 EL
Austern-, 2 EL Fischsauce
1 EL rote Currypaste
2 Tomaten, Salz, 1 TL
brauner Zucker, 1 TL Reisessig, Koriandergrün
Thai-Basilikum

GEGRILLTER HUMMER

Kaeng Yang Kra-Prow
Hummer längs halbieren, Innereien entfernen. 1 EL Öl mit
Sesamöl mischen. Getrocknete
Chillies zerbröseln, mit 1 TL Salz
und dem Öl mischen. Die Hummer damit bestreichen, unter
dem heißen Grill 8 bis 10 Minuten grillen.
Ingwer schälen, fein hacken.
Zwiebeln und Knoblauch abziehen. Zwiebeln klein schneiden,
Knoblauch in dünne Scheiben
hobeln. Die Kaffirblätter in
dünne Streifen schneiden. Chillies entkernen, 2 Schoten in
Streifen schneiden, die anderen
beiseite legen. – Restliches Öl im
Wok erhitzen, Ingwer, Zwiebeln,
Knoblauch und Kaffirblätter darin
kurz braten. Würzsaucen und
Essig zugeben, alles 3 Minuten
schmoren. Die Sauce mit Zucker
und Salz abschmecken. Reismehl
mit Wasser oder Brühe glatt rühren und die Sauce damit binden.
Frühlingszwiebeln längs halbieren. Chillies aufschlitzen, entkernen. Rote und grüne Chillies und
Frühlingszwiebeln kurz in der
Sauce erwärmen. Die Hummer
auf Tellern anrichten, mit Frühlingszwiebeln, Chillies und ein
paar Tropfen Sauce.

TINTENFISCH IN
CHILISAUCE

Pla Mueg Pad Prik
Von den gehäuteten Tintenfischen Kopf mit Tentakeln entfernen, Arme und Körper in kleine
Stücke bzw. Ringe schneiden.
Pfeffer grob mörsern.
Das Helle der Frühlingszwiebeln
in feine Scheiben, das Dunkle in
lange Streifen schneiden, beiseite
legen. Knoblauch, Ingwer und
Kurkuma schälen, alles klein
hacken. Chillies entkernen, 2
Schoten klein, 2 in schmale Streifen schneiden und beiseite legen.
Im Wok 2 EL Öl erhitzen, Pfeffer
und Tintenfische darin 1 Minute
braten, herausnehmen. Restliches Öl in den Wok gießen, helle
Frühlingszwiebeln, Knoblauch,
Ingwer, Kurkuma und klein
geschnittene Chillies darin kurz
anbraten. Beide Würzsaucen,
Currypaste und angebratene Tintenfische dazugeben und erhitzen. Tomaten häuten, entkernen
und klein schneiden. Zu den
Tintenfischen geben. Tintenfische 10 bis 15 Minuten garen.
Alles mit Salz, Zucker und Essig
abschmecken. Eine Platte mit
Koriandergrün und Basilikum
auslegen, Tintenfische anrichten,
mit Frühlingszwiebelgrün und
Chilistreifen bestreuen.

Thailand, Laos und Birma

Eis:
250 g Kokosflocken
350 ml heiße Milch
4 Eigelb
100 g Palmzucker oder
brauner Zucker
2 EL Kokosnusslikör
150 ml süße Sahne

Fruchtsauce:
2 cm Ingwer, 1 Orange
2 EL Honig
2 Kaffir-Limettenblätter
1 Mango

Pfannkuchen:
½ Liter Kokosmilch
100 g Reismehl
4 EL Zucker, 4 Eier
rote und gelbe Lebensmit-
telfarbe
Kokosfett zum Braten
ca. 100 g Kokosflocken

Tipps:
Um eine gute Eisqualität
zu erlangen, muss die
Masse zuerst im Wasser-
bad – über einen Topf mit
kochendem Wasser wird
eine Metallschüssel
gestellt – schaumig
geschlagen werden.
Anschließend eine Schüs-
sel mit Wasser und Eis-
würfeln füllen und die Eis-
masse darin so lange
schlagen, bis sie abgekühlt
und cremig geworden ist.
Das Eis lässt sich leichter
entnehmen, wenn es
5 Minuten vor dem Servie-
ren aus dem Gefriergerät
genommen wird.

KHAN UM KHUK

Von den Kokosflocken gut 2
Esslöffel in einer fettfreien Pfanne leicht rösten und beiseite
legen. Für das Eis die restlichen
Kokosflocken mit der heißen
Milch übergießen und 4 Stunden
quellen lassen. Eigelb mit dem
Zucker im heißen Wasserbad
schaumig rühren. Den Kokosnusslikör dazugeben.
Die eingeweichten Kokosflocken
mitsamt der Flüssigkeit in ein
Küchentuch geben und gut ausdrücken. Die so gewonnene
Kokosmilch erwärmen und langsam mit der Eimasse mischen.
So lange über dem Wasserbad
erhitzen, aber nicht kochen
lassen, bis die Masse cremig ist.
Über Eiswasser kalt schlagen.
Die Sahne steif schlagen und
unter die Eismasse heben. Die
Kokoscreme in ein Gefäß geben
und im Gefriergerät mindestens
5 Stunden erstarren lassen.

Für die Fruchtsauce Ingwer
schälen und fein reiben. Die
Orange auspressen und den Saft
mit Ingwer, Honig und Kaffir-
Limettenblättern siruppartig einkochen. Die Mango schälen und
das Fruchtfleisch in Spalten vom
Stein schneiden. Im Sirup abkühlen lassen. Vor dem Anrichten die Kaffirblätter entfernen.

Für die Pfannkuchen Kokosmilch mit Reismehl und Zucker
verrühren. Die Eier schaumig
schlagen und mit dem Teig
mischen. 30 Minuten quellen
lassen und nach Bedarf einige
Esslöffel Wasser hinzufügen.
Der Teig sollte nicht zu dickflüssig sein.
Den fertigen Teig auf 3 Schalen
verteilen. Einen Teig rosa färben,
den zweiten hellgrün, der dritte
Teil bleibt ungefärbt.
In einer kleinen Pfanne etwas
Kokosfett erhitzen und nacheinander aus jedem Teig 4 dünne
kleine Pfannkuchen backen.
Jeden Pfannkuchen zweimal
zusammenschlagen (vierteln) und
mit etwas Kokoseis auf Tellern
anrichten. Ein paar Mangospalten
in Sirup dazugeben und mit einigen gerösteten Kokosflocken
bestreuen.

Tipp:
Der Palmzucker kann durch
braunen Zucker ersetzt werden.
Wenn Kinder mitessen, sollten
Sie auf den Kokosnusslikör ver-
zichten.

KOHLSUPPE MIT HUHN
AUBERGINENPÜREE

KOHLSUPPE MIT HUHN

2 EL Tamarindenmark
6 EL heißes Wasser
4 cm Ingwer
2 cm Kurkumawurzel
2 cm Galgant
2 Stängel Zitronengras
3 rote Chilischoten
2 Zwiebeln
2 Knoblauchzehen
2 EL Pflanzenöl
1 TL Korianderkörner
1 TL Pfefferkörner
1,2 Liter Hühnerbrühe
500 g Chinakohl
1 Dose Reisstrohpilze
2 EL Fischsauce
Salz
1 TL brauner Zucker
400 g Hühnerbrustfilet
Koriandergrün

AUBERGINENPÜREE

1 kg Auberginen
500 g Fischfilet
½ Liter Wasser
3 EL Austernsauce
300 g Zwiebeln
6 Knoblauchzehen
2 EL Pflanzenöl
5 rote Chilischoten
10 Minzeblätter
Salz, frisch gemahlener
Pfeffer
4 EL Fischsauce
2 EL Reisessig
2 EL Limettensaft
1 EL brauner Zucker
2 cm Ingwer
1 Frühlingszwiebel
verschiedene Salatbätter

KOHLSUPPE MIT HUHN

Keng Kalampi

Das Tamarindenmark mit dem heißen Wasser glatt rühren und durch ein Sieb streichen. Ingwer, Kurkuma und Galgant schälen und sehr klein schneiden. Den hellen Teil des Zitronengrases hacken. Chilischoten entkernen, in Streifen schneiden. Zwiebeln und Knoblauch abziehen und klein schneiden.

Das Öl erhitzen, die Gewürzkörner darin kurz anbraten, dann im Mörser grob zerreiben. Mit den anderen zerkleinerten Zutaten wieder in den Topf geben und 1 Minute schmoren. Tamarindenmark und die Brühe hinzufügen und zum Kochen bringen.

Den Kohl putzen und in Streifen schneiden, Pilze abgießen. Kohl in der Brühe 8 Minuten garen. Pilze hinzufügen und alles mit Fischsauce, Salz und Zucker abschmecken.

Das Fleisch in mundgerechte Würfel schneiden und in der heißen Suppe 3 bis 4 Minuten gar ziehen lassen. Mit etwas Koriandergrün bestreuen.

*S*uppe, ganz gleich wie gehaltvoll sie ist, wird stets zwischen den Gängen oder am Schluss genossen.

AUBERGINENPÜREE

Tom Ponh

Die Auberginen halbieren und im heißen Backofen bei 160 °C etwa 1 Stunde garen, bis die Früchte weich sind. Das Fischfilet im Wasser mit 1 EL Austernsauce zum Kochen bringen und etwa 5 Minuten gar ziehen lassen. Zwiebeln und Knoblauch abziehen, klein schneiden und im heißen Öl weich schmoren. Die Chilischoten entkernen. 3 Schoten sehr fein, die beiden anderen in feine Streifen schneiden und beiseite legen.

Das weiche Auberginenfleisch ohne Haut und den gegarten Fisch mit restlicher Austernsauce, Zwiebeln, Knoblauch, klein geschnittenen Chillies und Minzeblättern im Mixer pürieren. Mit Salz und Pfeffer abschmecken.

Für die Sauce die restlichen Chillies mit Fischsauce, Essig, Limettensaft und Zucker mischen. Den Ingwer schälen und fein hacken, ebenso den hellen Teil der Lauchzwiebel. Mit der Sauce verrühren. Den dunkelgrünen Teil der Zwiebel in schmale Röllchen schneiden. Die Salatblätter auf Tellern verteilen und mit dem Zwiebelgrün bestreuen. Auberginenpüree und Sauce getrennt dazureichen.

Für 6 Personen

1 kg gemischte Fischfilets
2 EL Reismehl
1 EL Kurkumapulver
Salz
3 rote Chilischoten
3 Stängel Zitronengras
250 g Zwiebeln
4 Knoblauchzehen
4 cm Ingwer
150 g Bambussprossen
(frisch oder aus der Dose)
2 EL Pflanzenöl
½ Liter Kokosmilch
1 Liter Fischbrühe (frisch
gekocht, Fischfond oder
aus Granulat oder Paste)
100 ml Fischsauce
frisch gemahlener Pfeffer
1,5 Liter Wasser
250 g Reis-Vermicelli

Tipp:
*Zu dieser Nudelsuppe
gehört nach Belieben eine
Reihe von Beilagen: klein
geschnittene Frühlings-
zwiebeln, grob gehackte
Erdnüsse, klein geschnittene Korianderblätter, geröstete Zwiebelringe, gehack-
ter Knoblauch, Limetten-
spalten und hart gekochte
Eier.*

MO HIN GA

Die Fischfilets in 2 bis 3 cm
große Würfel schneiden. 1 Esslöffel Reismehl mit dem Kurkuma
und 1 Teelöffel Salz mischen,
die Fischwürfel damit rundherum
einreiben.
Die Chilischoten entkernen.
1 Schote in dünne Streifen
schneiden und beiseite legen.
Den unteren Teil eines Zitronengrases sehr klein schneiden und
beiseite legen. Bei den beiden
anderen Stängeln den hellen Teil
breit drücken und nur den oberen Teil etwas kürzen.
Zwiebeln und Knoblauch abziehen und klein schneiden. Ingwer
schälen und in feinste Streifen
schneiden. Bambussprossen klein
schneiden.
Das Öl erhitzen und Zwiebeln,
Knoblauch und Ingwer darin
kurz anschwitzen. Fischwürfel
dazugeben und kurz schmoren.
Aufgeschlitzte Chilischoten,
ganze Zitronengrasstängel, Bambussprossen, Kokosmilch und
900 ml Fischbrühe dazugeben
und 5 Minuten köcheln lassen.
Die aufgeschlitzten Chilischoten
und die ganzen Zitronengrasstängel aus der Suppe fischen.
Die klein geschnittene Chilischote sowie das Zitronengras
dazugeben.

Die restliche Fischbrühe mit dem
restlichen Reismehl verrühren
und in die Suppe einrühren. Einmal aufkochen lassen und mit
Salz, Fischsauce und Pfeffer
abschmecken.
Das Wasser mit etwas Salz zum
Kochen bringen und die Nudeln
darin nach Vorschrift kochen und
abgießen. Die Nudeln auf 6 Schalen verteilen und mit der Fischsuppe auffüllen.

*Dieses Nationalgericht aus
Birma wird auf Märkten und
von Straßenhändlern überall im
Land angeboten. Dort, wo Bana-
nen gedeihen, gehört in diesen
Eintopf ein Stück einer jungen
Bananenstaude. Weil diese Zutat
auch bei uns selbst in asiatischen
Geschäften äußerst selten an-
geboten wird, enthält unsere
Mo Hin Ga stattdessen Bambus-
sprossen.*

INDIEN, PAKISTAN UND SRI LANKA

Hier geben die Gewürze den Ton an. Der Geschmack und das Aussehen eines Mahls hängen ab von dem richtigen Gespür der Köchin für die Auswahl der Gewürze und der Temperatur unter Topf und Pfanne. Currypulver ist hier so gut wie unbekannt, jede Hausfrau schwört auf ihre eigene Gewürzmischung.

KICHERERBSENSUPPE MIT FRITTIERTEM BROT

KICHERERBSENSUPPE

250 g geschälte Kicher-
erbsen
etwa ¾ Liter Wasser
3 EL Butterschmalz
3 cm Ingwer
3 getrocknete Chilischoten
5 Lorbeerblätter
1 Zimtstange
10 Gewürznelken
4 Kardamomkapseln
½ TL Korianderkörner
½ TL Kreuzkümmelpulver
½ TL Korianderpulver
½ TL Chilipulver
1 TL Salz
1 EL Zucker
½ TL Garam masala
½ TL Zimtpulver
¼ Kokosnuss

FRITTIERTES BROT

250 g Mehl
¼ TL Salz
2 EL weiche Butter
etwa 125 ml lauwarmes
Wasser
Pflanzenöl zum Frittieren

Tipps:
*In Indien wird zum
Kochen, Braten und Frit-
tieren gern Ghee verwen-
det. Dieses Butterfett ent-
spricht in etwa unserem
Butterschmalz.
Garam masala ist eine
Gewürzmischung aus min-
destens 6 verschiedenen
Gewürzen.*

KICHERERBSENSUPPE
Dhal

Die Kichererbsen waschen und
mit dem Wasser bei milder Hitze
im abgedeckten Topf gut 1 Stunde weich kochen. Bei Bedarf
etwas Wasser dazugeben. Wenn
die Kichererbsen weich sind, sollte das Wasser aufgesogen sein.
In einem Topf 2 Esslöffel Butterschmalz erhitzen. Den Ingwer
schälen und fein würfeln. Mit
den Chilischoten, Lorbeerblättern
und der zerbrochenen Zimtstange
ins Fett geben. Von den Nelken
den Blütenansatz entfernen. Die
Kardamomkapseln aufbrechen
und die Samen zusammen den
Korianderkörnern und den Nelken ebenfalls in den Topf geben
und alles kurz rösten.
Die Kichererbsen mit etwas Wasser zu den duftenden Gewürzen
geben und mischen. Nun die
restlichen Gewürze einrühren
und alles zum Kochen bringen.
Das Kokosfleisch zuerst in Streifen, dann in feine Scheibchen
schneiden und in dem restlichen
Butterschmalz goldbraun rösten.
Zum Dhal geben und mit so viel
Wasser wie gewünscht auffüllen.
Das Dhal sollte nicht zu flüssig
sein.

FRITTIERTES BROT
Loochi

Das Mehl in einer Schüssel mit
Salz, Butter und lauwarmem Was-
ser mischen. Bei Bedarf noch
etwas Wasser hinzufügen. Den
Teig auf einem Brett ungefähr 10
Minuten kräftig kneten. Dann in
Frischhaltefolie wickeln und bei
Zimmertemperatur 15 Minuten
ruhen lassen.
In einer Fritteuse oder in einem
kleinen, hohen Topf reichlich Öl
erhitzen. Das Öl hat die richtige
Temperatur erreicht, wenn es
spritzt, sobald man einen Tropfen
Wasser ins Öl gibt.
Den Teig in 8 gleich große Stücke
teilen und auf Frischhaltefolie
handtellergroß ausrollen. Die
Brote nacheinander in dem
heißen Öl frittieren. Sie sollen
nur wenig Farbe annehmen.
Die weichen Fladenbrote zweimal zusammen- oder übereinan-
der-legen und eingeschlagen in
einer großen Serviette servieren.

*In Indien wird häufig nicht mit
Besteck gegessen, sondern mit
den Händen. Die Fladen dienen
als Löffel, indem man den Fladen
teilt und damit die Speisen auf-
nimmt. Deshalb sollte das Dhal
auch nicht zu dünnflüssig sein.*

FRITTIERTES GEMÜSE
GEFÜLLTE TEIGTASCHEN

FRITTIERTES GEMÜSE

½ Blumenkohl
150 g Kicherbsenmehl
50 g Reismehl
2 Messerspitze Backpulver
1 TL Kurkumapulver
gut 300 ml Wasser
2 EL flüssiges Butter-
schmalz
1 EL Salz
½ TL Chilipulver
½ TL Kreuzkümmelpulver
½ TL Garam Masala
1 große Aubergine
2 große Zwiebeln
2 große Kartoffeln
Pflanzenöl zum Frittieren

**GEFÜLLTE TEIG-
TASCHEN**

250 g Mehl
½ TL Kurkumapulver
1 TL Garam masala
4 EL flüssiges Butter-
schmalz
etwa 125 Milliliter war-
mes Wasser
1 große Zwiebel
1 Knoblauchzehe
2 cm Ingwer
350 g Lammhackfleisch
2 EL Rosinen
1 rote Chilischote
2 EL gehackte Mandeln
½ TL Kreuzkümmelpulver
½ TL Zimtpulver
1 TL Salz
60 g (½ Tasse) tiefge-
kühlte Erbsen
1 EL gehackte Minze
Pflanzenöl zum Frittieren

FRITTIERTES GEMÜSE

Pakoras

Den Blumenkohl in kleine Röschen teilen und in Wasser 5 Minuten vorgaren. Die Röschen gut abtropfen lassen. Für den Teig die Mehlsorten mit Backpulver, Kurkuma, kaltem Wasser, flüssigem Butterschmalz und den Gewürzen kräftig schlagen. Den Ausbackteig 15 Minuten ruhen lassen.

Die Aubergine putzen, waschen und in 1 cm dicke Scheiben schneiden. Falls die Scheiben zu groß sind, werden sie halbiert. Die Zwiebeln abziehen und in dicke Halbringe schneiden. Die Kartoffeln schälen und in ½ cm dicke Scheiben schneiden. Reichlich Öl in Fritteuse oder hohen Topf erhitzen. Das Gemüse nacheinander in den Teig tauchen, abtropfen lassen, im Öl goldgelb frittieren. – Die fertigen Pakoras auf Küchenpapier entfetten und dekorativ auf einer Platte anrichten.

*B*eide können auch mit Kürbis, Zucchini, Zucchiniblüten und Paprikastreifen zubereitet werden. Und dazu passt ein Jogurtdip, gewürzt mit Kreuzkümmel, Minze Chillipulver und Salz.

GEFÜLLTE TEIGTASCHEN

Samosas

Das Mehl mit Kurkuma, Garam masala, 2 EL Butterschmalz und Wasser zu einem festen Teig verarbeiten, 10 Minuten kneten, in Frischhaltefolie 30 Minuten ruhen lassen.

Für die Füllung Zwiebel und Knoblauch abziehen und klein schneiden. Ingwer schälen, zu den Zwiebeln reiben. Restliches Butterschmalz erhitzen, das Lammhackfleisch darin mit Zwiebeln, Knoblauch und Ingwer weich schmoren.

Rosinen grob, entkernte Chili fein hacken. Mit den Mandeln, den Gewürzen und Erbsen zum Fleisch geben, weitere 5 Minuten schmoren. Minze einrühren. Aus dem Teig 12 bis 14 gleich große Stücke schneiden, jeweils zu einem Kreis von 13 bis 15 cm Durchmesser ausrollen. Die Teigkreise halbieren, jeweils etwas Füllung darauf setzen. Die Teigränder mit etwas Wasser befeuchten, die Samosas zu dreieckigen Taschen zusammenlegen. Die Ränder mit einer Gabel fest zusammendrücken. In Fritteuse oder hohem Topf reichlich Öl erhitzen, die Teigtaschen darin goldbraun frittieren, auf Küchenpapier entfetten.

TUNFISCHKLOPSE

500 g mehlig kochende
Kartoffeln
2 große Zwiebeln
2 Knoblauchzehen
3 cm Ingwer
2 EL Butterschmalz
2 Dosen Tunfisch ohne Öl
2 TL Kurkumapulver
1 EL Kreuzkümmelpulver
5 Lorbeerblätter
etwas Wasser
8 Kardamomkapseln
1 EL Zucker, 1 TL Salz
1 EL Zimtpulver
2 Eier, 12 EL Paniermehl
Pflanzenöl zum Braten
2 Bund Koriandergrün
6 rote Chilischoten
1 Zitrone
1 Gemüsezwiebel

GEMISCHTER SALAT

3 Bund Frühlingszwiebeln
1 grüne Paprikaschote
350 g Tomaten
200 g große braune Champignons
1 Bund weiße Rettiche
2 Zitronen
je 4 grüne, milde und rote,
mittelscharfe Chilischoten
2 cm Ingwer
3 EL Zitronensaft
3 EL Pflanzenöl
Salz, Zucker
½ TL Kreuzkümmelpulver
1 TL schwarze Pfefferkörner
1 Bund Koriandergrün

TUNFISCHKLOPSE

Maacher Chops

Kartoffeln schälen, in 1 cm große Würfel schneiden. Zwiebeln, Knoblauch und Ingwer schälen, und sehr klein würfeln.
Das Butterschmalz in einer Pfanne erhitzen. Kartoffeln, Zwiebeln, Knoblauch und Ingwer darin 10 Minuten braten. Den Tunfisch abgießen und mit den Kartoffeln mischen. 1 TL Kurkuma, Kreuzkümmelpulver, Lorbeerblätter und etwas Wasser hinzufügen. Alle Zutaten abgedeckt etwa 15 Minuten garen. Lorbeerblätter entfernen. Kardamomsamen herauslösen. Die Kartoffel-Fisch-Mischung zu einer festen Masse zerstampfen. Mit Kardamom, Zucker, Salz, Zimt und restlichem Kurkuma würzen. Mit feuchten Händen 12 eiförmige Klopse formen. Eier in einem Teller verrühren, Paniermehl in einen anderen Teller schütten. Das Öl in Fritteuse oder hohem Topf erhitzen.
Die Tunfischklopse panieren, nacheinander in heißem Fett einige Minuten ausbacken, auf Küchenpapier entfetten. Die Klopse auf einer Platte auf viel Koriandergrün anrichten, mit Chilischoten, Zitronenscheiben und Zwiebelringen garnieren.

RAJMA-CHANA SALAT

Die Frühlingszwiebeln putzen und je nach Größe ganz lassen oder längs halbieren. Die Paprikaschote entkernen und in breite Streifen, die gewaschenen Tomaten und die Pilze in dicke Scheiben schneiden. Rettiche schälen, Zitronen in dünne Scheiben schneiden.
Alle Salatzutaten dekorativ auf einer großen Platte anrichten. Das Gemüse wird von Zitronenscheiben eingerahmt. Die Chilischoten dazulegen.
Den Ingwer schälen und fein reiben. Mit Zitronensaft, Öl, etwas Salz und Zucker sowie Kreuzkümmel verrühren und über die Zutaten träufeln. Den Pfeffer mörsern und mit etwas Koriandergrün über die Salatplatte streuen.

*K*oriandergrün ist ein sehr intensiv schmeckendes Kraut und nicht jedermanns Sache. Am besten wird es vorsichtig über die fertigen Speisen gezupft und nicht gehackt. Stattdessen kann auch glatte Petersilie verwendet werden, die allerdings völlig anders schmeckt.

FISCH MIT TOMATENSAUCE KÄSE MIT GEMÜSE

FISCH MIT TOMATENSAUCE

1,5 kg Seeteufel, küchen-
fertig
250 g Zwiebeln
3 Knoblauchzehen
350 g Tomaten
3 cm Ingwer
2 rote Chilischoten
6 Kardamomkapseln
3 EL Butterschmalz
½ TL Bockshorn-
kleesamen
1 TL Koriandersamen
1 TL Kurkumapulver
½ TL Garam masala
1 EL Salz, 1 EL Zucker
3 EL Zitronensaft
150 g Sahnejogurt
Pflanzenöl für die Form
Koriandergrün

KÄSE MIT GEMÜSE

2 Liter frische Vollmilch
1 Zitrone, 1 TL Mehl
4 EL Butterschmalz
125 g kleine Champignons
250 g Tomaten
2 Zwiebeln
2 Knoblauchzehen
120 g (1 Tasse) tiefge-
kühlte Erbsen
8 Kardamomkapseln
4 Gewürznelken
1 TL Kurkumapulver
1 TL Chilipulver
1 TL Kreuzkümmelpulver
je ½ TL Zimt-, Koriander-
und Kardamompulver
1 TL Salz, 1 TL Zucker
¼ Liter Molke
etwas Koriandergrün

FISCH MIT TOMATENSAUCE

Machli Tamatar

Den Fisch waschen und trockentupfen. Mit einem scharfen Messer das Rückgrat herausschneiden, den Fisch ausbreiten. Zwiebeln und Knoblauch abziehen
und fein würfeln. Tomaten häuten und grob hacken. Ingwer
schälen und fein reiben. Chilischoten entkernen und fein
hacken. Kardamomkapseln aufbrechen, die Samen herauslösen.
Den Ofen auf 220 °C vorheizen.
Das Butterschmalz in einem Topf
erhitzen und alle Samen darin
kurz rösten. Zwiebeln, Knoblauch, Tomaten, Ingwer und Chili
sowie alle Gewürze und den
Jogurt bis auf das Koriandergrün
zufügen und cremig einkochen.
Den Fisch in eine feuerfeste, ge-
fettete Form legen, mit der Toma-
tencreme bestreichen und mit
Alufolie abdecken. Den Fisch insgesamt 30 bis 40 Minuten im
heißen Ofen garen. Die letzten
15 Minuten die Folie entfernen.
Mit Koriandergrün garnieren.

Tipp:

*Die Tomaten 30 Sekunden in
kochendes Wasser tauchen, dann
lässt sich die Haut leicht abziehen. Der Stielansatz wird immer
weggeschnitten.*

KÄSE MIT GEMÜSE

Mattar Pannir

Die Milch erhitzen. Die Zitrone
auspressen und den Saft in die
Milch einrühren. Bei milder
Hitze unter Rühren 3 Minuten
köcheln lassen. Ein Sieb mit
einem Küchentuch auslegen, die
Milch hineingießen und über
Nacht abtropfen lassen. Danach
gut ausdrücken. ¼ Liter Molke
abmessen.
Die feste Käsemasse mit etwas
Mehl 5 Minuten kneten. Dann zu
einem flachen Fladen formen und
in 1 cm große Würfel schneiden.
2 Esslöffel Butterschmalz erhitzen und die Käsewürfel darin von
allen Seiten goldgelb braten und
herausnehmen.
Die Champignons putzen, Tomaten vierteln. Zwiebeln und Knoblauch abziehen und klein schneiden. Erbsen auftauen lassen. Die
Kardamomkapseln aufbrechen
und die Samen herauslösen. Von
den Gewürznelken den Blütenansatz entfernen.
Das restliche Butterschmalz in
den Topf geben, Zwiebeln und
Knoblauch darin anrösten. Käsewürfel, Gemüse, alle Gewürze
und die Molke hinzufügen und
etwa 25 Minuten bei milder
Hitze garen. Mit Koriandergrün
bestreuen.

GEMÜSE IN KOKOSSAUCE
ERFRISCHENDES MIT JOGURT

GEMÜSE IN KOKOS-SAUCE

1 Kokosnuss
3 cm Ingwer
1 rote Chilischote
3 Zwiebeln
2 Knoblauchzehen
3 EL Pflanzenöl
1 TL Korianderkörner
½ TL Fenchelsamen
3 EL Butterschmalz
250 g Karotten
200 g grüne Bohnen
200 g Okraschoten
2 grüne Paprikaschoten
120 g (1 Tasse) tiefgekühlte Erbsen
1 EL Kurkumapulver
je 1 TL Garam masala, Salz und Zucker
6 Curryblätter
200 g Sahnejogurt

LASSI

400 g Jogurt
100 g Crème fraîche
2 EL Rosenwasser
3 EL flüssiger Honig
8 Eiswürfel

RAYTA

500 g Jogurt
1 Salatgurke
2 Tomaten
1 Zwiebel
1 EL gehacktes Koriandergrün
1 EL gehackte Minzeblätter
½ TL Kreuzkümmelpulver
Salz, Zucker

GEMÜSE IN KOKOSSAUCE

Aviyal

Die Kokosnuss aufbrechen, das Fruchtfleisch lösen und im Mixer mit etwas Kokosmilch pürieren. Ingwer schälen und fein würfeln, Chilischote entkernen und in feine Ringe schneiden. Zwiebeln und Knoblauch abziehen und klein schneiden.
Das Öl erhitzen und die Gewürzkörner darin kurz rösten. Ingwer, Chillies, Zwiebeln und Knoblauch einrühren und 1 Minute braten. Butterschmalz dazugeben.
Das Gemüse putzen, waschen und in nicht zu kleine Stücke schneiden. Mit dem Kokospüree, den Erbsen, allen Gewürzen, Jogurt und 1 Tasse Wasser zur den gerösteten Zwiebeln geben und 25 Minuten garen.

LASSI

Jogurt mit Crème fraîche, Rosenwasser und Honig mit dem Pürierstab mixen. Eiswürfel hinzufügen und 2 Minuten durchrühren, bis die Eiswürfel etwa zur Hälfte geschmolzen sind. Lassi in hohe Gläser füllen und sofort anrichten.

RAYTA

Den Jogurt glatt rühren. Die Gurke schälen und grob raspeln, dann gut ausdrücken. Die Tomaten in kleine Würfel schneiden. Die Zwiebel abziehen und zur Gurke reiben. Alle Zutaten mischen und mit Kräutern und Gewürzen mischen.

Lassi ist ein erfrischendes Getränk aus Jogurt. Es schmeckt sowohl mit Obst (Mango) als auch mit Zwiebeln, Radieschen, Gurke und Kräutern. Lassi kann mit einem Schuss Mineralwasser gemischt werden. Auch Raytas bestehen hauptsächlich aus Jogurt, werden aber mit dem Löffel gegessen. Kühle Raytas bilden eine willkommene Abwechslung zu den kräftig gewürzten und scharfen Speisen. Sie können mit Gemüse wie gewürzten Kartoffeln, gebratenen Auberginen, aber auch mit Früchten wie Mango, Banane und Kokosnuss gemischt werden. Raytas werden pikant gewürzt mit Senfkörnern, Koriander, Chilli, Koriandergrün und Pfefferminze, sind aber dennoch zurückhaltend im Geschmack. Fruchtige Raytas werden oft mit Honig, Zitronensaft und Minze abgeschmeckt.

LAMMCURRY
GEBRATENER REIS

LAMMCURRY

100 g Zwiebeln
2 Knoblauchzehen
3 cm frischer Ingwer
1 Chilischote
1,2 kg Lammkeule ohne Knochen
3 EL Öl
je 1 EL Kurkuma-, Chili- und Kreuzkümmelpulver
1 TL Korianderpulver
1 EL Salz
1 Zimtstange
1 TL Zimtpulver
8 Gewürznelken
6 Lorbeerblätter
½ TL Zucker
6 Kardamomkapseln
¼ Liter heißes Wasser
150 g Jogurt
1 TL Mehl

GEBRATENER REIS

250 g Basmatireis, parboiled
1 TL Salz
½ rote Paprikaschote
½ grüne Paprikaschote
1 Chilischote
1 Karotte
100 g braune Champignons
75 g gekochter Schinken
120 g (1 Tasse) tiefgekühlte Erbsen
50 g getrocknete Garnelen
2 Eier
½ TL Kurkumapulver
2 EL Wasser
Koriandergrün

LAMMCURRY

Roghan Josh

Zwiebeln und Knoblauch abziehen, Ingwer schälen, Chilischote entkernen, Fleisch waschen und trockentupfen. Zwiebeln würfeln, Knoblauch, Ingwer und Chilli sehr fein hacken, Fleisch in 2 cm große Würfel schneiden.

Öl in einem Bräter erhitzen und die Fleischwürfel darin rundherum anbraten. Zwiebeln, Knoblauch, Ingwer und Chillies einrühren und alles einige Minuten braten.

Alle Gewürze zum Fleisch geben. Die Kardamomkapseln aufbrechen und die kleinen Samenkörner ebenfalls zum Fleisch geben. Alle Zutaten 15 Minuten schmoren und dabei öfter umrühren.

¼ Liter heißes Wasser dazugeben und weitere 30 Minuten garen. Den Jogurt mit dem Mehl glatt rühren, zum Fleisch geben, gut umrühren. Das Fleisch in der Sauce langsam weich schmoren.

*D*er Kardamom ist umso würziger, je dunkler die kleinen Samen sind. Achten Sie beim Kauf auf große Kapseln. Im Mund zerkaute Kardamomsamen vertreiben übrigens schlechten Atem.

GEBRATENER REIS

Gheebhat

Den Reis sehr gründlich unter fließendem Wasser waschen und in einen Topf geben. So viel Salzwasser darüber gießen, bis es zweifingerbreit über dem Reis steht. Abgedeckt 15 bis 20 Minuten garen.

Paprikaschoten und Chilischote entkernen. Die Karotte schälen, Champignons waschen und trockentupfen. Die Pilzfüße kürzen. Paprikaschoten und Karotte würfeln, die Chilischote sehr fein schneiden, Pilze halbieren oder vierteln. Schinken würfeln.

3 EL Butterschmalz erhitzen und das zerkleinerte Gemüse mit den Erbsen und Garnelen darin unter Rühren 10 Minuten braten. Den gekochten Reis hinzufügen und so lange erwärmen, bis er heiß ist. Den Reis warm halten.

Die Eier mit etwas Salz verrühren. 2 Esslöffel warmes Wasser mit Kurkuma mischen und mit den Eiern vermengen. Das restliche Butterschmalz in einer Pfanne erhitzen, das Ei hineingießen und mit einer Gabel umrühren. Das zerkleinerte Rührei sofort mit dem Reis mischen. Den Reis auf einer vorgewärmten Platte anrichten und mit Koriandergrün garnieren.

REISPILAW MIT MARINIERTER HÄHNCHENBRUST

REISPILAW

250 g Basmatireis
4 EL Butterschmalz
75 g geschälte Mandeln
30 g Pistazien
4 EL Rosinen
1 Döschen Safranpulver
300 ml Wasser
1 Zimtstange
4 Lorbeerblätter
5 Kardamomkapseln
5 Gewürznelken
½ TL Zimtpulver
1 TL Salz, 2 TL Zucker
1 TL Garam masala

MARINIERTE HÄHN-CHENBRUST

2 Hähnchenbrustfilets,
500 g
1 Zitrone
1 große Zwiebel, 2 Knob-
lauchzehen, 3 cm Ingwer
je 1 TL Kurkuma-, Kreuz-
kümmel- und Paprika-
pulver, etwas Chilipulver
½ TL Salz
2 Eier, 8 EL Paniermehl
Butterschmalz zum Braten
2 Bund Koriandergrün

Tipp:

Der Reis muss besonders gründlich unter fließen-dem Wasser abgespült werden, damit er nach dem Kochen schön körnig wird. Garen Sie ihn lediglich in Wasser – oder aber in Salzwasser, wenn er würziger schmecken soll.

REISPILAW

Pilau

Den Reis gründlich unter fließen-dem Wasser waschen und min-destens 2 Stunden auf einem dicken Küchentuch trocknen las-sen. Das Butterschmalz in einem Topf erhitzen und den Reis darin rundherum leicht anbraten. Mandeln, Pistazien und Rosinen einrühren. Das Safranpulver in wenig warmem Wasser auflösen und mit 300 Milliliter Wasser zum Reis schütten und umrühren.

Die Zimtstange zerbrechen und mit den Lorbeerblättern zum Reis geben. Die Kardamomkapseln aufbrechen und die Samen her-auslösen. Von den Nelken den oberen Blütenansatz entfernen und den Rest ebenfalls mit dem Reis mischen.

Den Reis bei milder Hitze im geschlossenen Topf 20 Minuten gar ziehen lassen. Bei Bedarf noch etwas kaltes Wasser nach-gießen. Der fertige Reis ist trocken und körnig. Nun das Zimtpulver, Salz, Zucker und Garam masala dazugeben und alles durch mehrmaliges Schüt-teln des geschlossenen Topfes miteinander mischen.

MARINIERTE HÄHNCHEN-BRUST

Murg Cutlet

Das Fleisch von Fett und Sehnen befreien, waschen und trocken-tupfen. Das Filet in der Mitte durchtrennen und jedes Brustfilet quer durchschneiden, sodass 4 dünne Schnitzel entstehen.

Die Zitrone auspressen und das Fleisch damit großzügig begießen. Zwiebel und Knob-lauch abziehen, Ingwer schälen. Anschließend alles pürieren und mit den Gewürzen mischen.

Die Schnitzel mit der Würzpaste gründlich einreiben und über Nacht im Kühlschrank durchzie-hen lassen.

Am folgenden Tag die Würzpaste mit den Händen abstreifen. Die Eier in einem Teller verrühren, das Paniermehl in einen anderen Teller schütten.

Reichlich Butterschmalz in 2 Pfannen erhitzen. Die Schnitzel mit Ei und Paniermehl panieren und bei milder Hitze von beiden Seiten jeweils 1 ½ Minuten braten. Die fertigen Hähnchen-schnitzel auf einem Bett von Koriandergrün anrichten.

KAROTTENDESSERT MANGOCHUTNEY

KAROTTENDESSERT

750 g Karotten
1 Liter Milch
¼ Liter süße Sahne
1 Döschen Safranpulver
1 TL Zimtpulver
10 Kardamomkapseln
150 g brauner Zucker
4 EL Honig
100 g gemahlene Mandeln
5 EL weiche Butter
3–4 EL Rosenwasser
100 g Mandelstifte
50 g ungesalzene Pistazienkerne
(essbares) Blattsilber nach Belieben

Tipp:
Je nach Wassergehalt der Karotten kann es nötig werden, nach dem Einkochen überschüssige Flüssigkeit durch ein Sieb ablaufen zu lassen.

MANGOCHUTNEY

2 cm Ingwer
6 Kardamomkapseln
1 EL Pflanzenöl
½ TL Korianderkörner
½ TL Kreuzkümmelsamen
2 nicht zu reife Mangos
je 1 rote und grüne scharfe Chilischote
1 TL Kurkuma
1 TL Salz
1 EL Zucker
1 EL Zitronensaft
2 EL gehacktes Koriandergrün

KAROTTENDESSERT

Gajar Halva
Die Karotten schälen und fein raspeln. Milch, Sahne und Safran mit den Karotten mischen und unter Rühren in 20 bis 30 Minuten weich kochen. Den Zimt einrühren.
Die Kardamomsamen herauslösen. Die Samen im Mörser zerstoßen. Mit Zucker, Honig, Mandeln, Butter und Rosenwasser zu den Karotten geben. Die Masse so lange weiter kochen, bis sie gut formbar ist. – Nach Bedarf Flüssigkeit durch ein Sieb ablaufen lassen.
Das Karottendessert auf eine große ovale Platte häufen. Mandelstifte und Pistazien in einer fettfreien Pfanne leicht rösten und in die Oberfläche des Desserts stecken. Nach Belieben mit Blattsilber garnieren.

Halva ist in Indien ein beliebtes Dessert. Nicht nur Karotten, sondern auch Rote Bete und andere Gemüse werden in Milch und Sahne weich gekocht, pikant gewürzt und so lange gekocht, bis die Masse recht trocken ist. Gern verziert man das Dessert mit Blattsilber. Halva schmeckt stets sehr süß und wird immer kalt serviert.

MANGOCHUTNEY

Aam Ki Chatni
Ingwer schälen und fein würfeln. Die Kardamomsamen herauslösen. Öl erhitzen, den Ingwer sowie alle Samen darin 1 Minute rösten, dann im Mörser zerstoßen.
Mangos waschen, trockenreiben, mit der Schale vom Kern schneiden. Das Fruchtfleisch klein schneiden und mit den Gewürzen mischen.
Die Chillies – wer es sich traut, mitsamt Kernen! – sehr fein hacken. Mit dem Kurkuma zu den Mangos geben. Die restlichen Zutaten einrühren, das Chutney abgedeckt mindestens 2 Stunden ruhen lassen. Bald verbrauchen.

Chutneys werden in Indien zu fast allen Speisen gereicht, sollen den Appetit anregen, Mildem das gewisse Etwas verleihen und für das richtige Gleichgewicht bei höllischscharfen Gerichten sorgen. Chutneys werden fertig gekauft oder täglich frisch zubereitet – und original nicht gekocht, und zwar nicht nur aus Mangos, sondern auch aus Auberginen, Tomaten, Kokos, Minze und vielen anderen Zutaten: oft nach Familien Rezepturen.

Indien, Pakistan und Sri Lanka

HACKFLEISCHSPIEßE ZWIEBELGEMÜSE

HACKFLEISCHSPIEßE

1 Zwiebel
1 Knoblauchzehe
1 cm Ingwer
2 EL Pflanzenöl
500 g Lamm- oder Rinder-
hackfleisch
1 Ei
1 TL Salz
1 EL Chilipulver
½ TL Kreuzkümmelpulver
¼ TL Zimtpulver
½ TL Korianderpulver
½ TL Currypulver
100 g Jogurt
1 TL Kurkuma

ZWIEBELGEMÜSE

750 g Gemüsezwiebeln
2 Knoblauchzehen
1 rote Chilischote
1 grüne Chilischote
3 cm Ingwer
3 EL Pflanzenöl
5 Gewürznelken
½ Zimtstange
½ TL Kreuzkümmel
½ TL Korianderkörner
½ TL Fenchelsamen
2 Messerspitzen Muskat-
blüte
4 Lorbeerblätter
1 TL Kurkuma
1 EL Butter
½ TL schwarze Pfeffer-
körner
Koriandergrün

HACKFLEISCHSPIEßE

Sheikh-Kebab

Zwiebel und Knoblauch abziehen, Ingwer schälen und fein
würfeln. Etwa 1 Esslöffel Öl in
einer Pfanne erhitzen und Zwiebeln, Knoblauch und Ingwer
darin unter Rühren 2 Minuten
braten.

Das Hackfleisch mit dem Ei, der
Zwiebelmischung und den
Gewürzen gut mischen. 8 lange
Holzspieße für etwa 1 Stunde in
kaltes Wasser legen.

Das Hackfleisch in 8 gleich große
Stücke teilen und mit angefeuchteten Händen 8 gleich große
lange Rollen formen. Diese Hack-
fleischrollen auf die Holzspieße
stecken, sodass die Spieße gerade
noch mit einer Hand gehalten
werden können.

Den Jogurt mit Kurkuma und
dem restlichen Teelöffel Öl glatt
rühren. Die Fleischspieße damit
rundherum bestreichen und am
besten über dem Holzkohlengrill
oder unter dem elektrischen Grill
etwa 6 Minuten rundherum braten. Zwischendurch öfter mit der
Jogurtmischung bestreichen.

ZWIEBELGEMÜSE

Peaz Bhuna

Zwiebeln und Knoblauch abziehen. Zwiebeln in dicke Halbringe, Knoblauch in schmale Streifen schneiden. Die Chilischoten
entkernen und in kleine Würfel
schneiden. Ingwer schälen und
sehr fein würfeln.

In einer Pfanne 2 Esslöffel Öl
erhitzen und die ganzen Gewürzkörner und Gewürzsamen darin
unter Rühren 1 Minute braten.
Zwiebeln, Knoblauch, Chillies
und Ingwer einrühren. Das restliche Öl sowie etwas Muskatblüte,
die Lorbeerblätter, Kurkuma und
Butter dazugeben.

Die Zwiebeln etwa 15 Minuten
braten. Die Pfefferkörner im Mörser grob zerkleinern und mit
etwas Koriandergrün über die
Zwiebeln streuen.

*D*ie Europäer ehren einen Sie-
ger gern mit einem grünen
Lorbeerkranz. Beim Kochen wird
bei uns dieses würzige Blatt nur
sparsam eingesetzt. In Asien
dagegen sorgen ein halbes bis ein
Dutzend (möglichst frische)
grüne Lorbeerblätter für einen
außergewöhnlich pikanten
Geschmack.

GARNELENCURRY
SPINAT MIT KOKOS

GARNELENCURRY

12 rohe Riesengarnelen
ohne Kopf
4 EL Pflanzenöl
400 g Zwiebeln
3 Knoblauchzehen
2 cm Ingwer
2 Stängel Zitronengras
1 rote Chilischote
1 grüne milde Chilischote
200 ml ungesüßte Kokos-
milch (Dose)
½ TL Kurkuma
1 EL getrocknete Garnelen
½ TL Salz
1 EL brauner Zucker
2 EL Limettensaft
Koriandergrün

SPINAT MIT KOKOS

1 kg Blattspinat (Mangold
oder Weißkohl)
4 EL Pflanzenöl
3 Knoblauchzehen
2 rote Chilischoten
1 EL getrocknete Garnelen
1 TL Koriandersamen
½ TL Fenchelsamen
1 cm Ingwer
¼ frische Kokosnuss

Tipp:

*Anders als getrocknete
Garnelen, aber durchaus
eine gute Alternative dazu
ist die Krebs-Suppen-Paste
von Langbein, erhältlich
in gut sortierten Super-
märkten und Feinkostge-
schäften.*

GARNELENCURRY

Isso Tel Dala

Die Garnelen waschen, trockentupfen und in etwas Öl von beiden Seiten jeweils 2 Minuten
braten. Die Garnelen abkühlen
lassen und aus dem Panzer brechen. Am Rücken einschneiden
und den Darm entfernen. Die
Garnelen längs halbieren.
Zwiebeln und Knoblauch abziehen, Zwiebeln in sehr feine Halbringe schneiden, den Knoblauch
fein hacken. Den Ingwer schälen,
oberen Teil des Zitronengrases
wegschneiden. Beides sehr
klein würfeln. Die Chilischoten
entkernen und in feine Streifen
schneiden.
Das restliche Öl in die Pfanne
geben und alle zerkleinerten
Zutaten darin unter Rühren etwa
10 Minuten schmoren. Bei
Bedarf etwas Wasser hinzufügen.
Kokosmilch, Kurkuma, getrocknete Garnelen, Salz und Zucker
einrühren und einige Minuten
garen. Bei Bedarf etwas Wasser
hinzufügen. Die halbierten Garnelen in die cremige Sauce legen
und kurz erhitzen. Das Curry mit
Limettensaft abschmecken und
mit Koriandergrün garnieren.

SPINAT MIT KOKOS

Mallung

Den Spinat putzen, waschen und
gut abtropfen lassen. Anschließend in einem Topf bei großer
Hitze zusammenfallen lassen.
Den Spinat ausdrücken.
In einer Pfanne 3 Esslöffel Öl
erhitzen. Den Knoblauch abziehen und fein würfeln. Im heißen
Öl 1 Minute braten. Die Chilischoten entkernen und in feine
Streifen schneiden. Die Garnelen
im Mörser zerdrücken. Chilistreifen und Garnelen zum Knoblauch
geben und kurz erhitzen.
Den ausgedrückten Spinat dazugeben. Korianderkörner und Fenchelsamen im Mörser zerreiben.
Ingwer schälen und in kleine
Würfel schneiden. Alles mit dem
Spinat mischen und 2 Minuten
kochen.
Das geschälte Kokosfleisch zuerst
in schmale Streifen und dann in
dünne Scheibchen schneiden.
Das restliche Öl in einer kleinen
Pfanne erhitzen und die Kokos-
chips darin bei milder Hitze
goldbraun rösten. Sofort mit dem
Spinat mischen.

*Getrocknete Garnelen finden
Sie in asiatischen Lebens-
mittelläden. Sie würzen mit
charakteristischem Geschmack.*

ANHANG

GEWÜRZE, KRÄUTER UND ANDERE WICHTIGE ZUTATEN

Lebensmittelgeschäften, vieles aber auch in speziellen Abteilungen großer Kaufhäuser und Supermärkte sowie manches in Naturkostläden.

Agar-Agar, Bindemittel ähnlich Gelatine, aber aus Meeresalgen, muss mit der Flüssigkeit 2 Minuten gekocht werden.

Anattosamen, bittere und färbende Samen eines blühenden Strauchs, werden auf den Philippinen und in China verwendet.

Auberginen sind in ganz Asien beliebt, das Angebot ist dort viel größer: hellviolette runde und längliche Früchte, kleine runde in Weiß und winzige, beerenförmige in Grün. Die kleinen Auberginen werden auch roh für Salat verwendet.

Austernsauce siehe Saucen

Bambussprossen, die essbaren Schösslinge immergrüner Gräser, bei uns vor allem in Dosen, werden unter kaltem Wasser abgespült und klein geschnitten weiterverarbeitet. Bambussprossen gibt es manchmal auch frisch: dann schälen, den unteren holzigen Teil wegschneiden und mindestens 5 Minuten erhitzen.

Bananenblätter eignen sich zum Anrichten fertiger Speisen. Oder Sie wickeln gut gewürzten Fisch mit oder ohne Gemüse in ein Stück Bananenblatt ein und garen ihn über Dampf oder braten ihn vorsichtig in Öl. Auf jeden Fall die Blätter abwaschen und die mittlere Rippe herausschneiden. Ältere Blätter werden kurz in Wasser weich gekocht.

Bohnenpasten, manchmal auch als Sauce bezeichnet, bestehen aus fermentierten Soja- oder Mungbohnen, sind dickflüssig oder fest aus leicht zerstampften Bohnen.

Butterschmalz siehe Ghee

Chilipaste, besonders in Korea beliebt, aus Chillies und fermentierten Sojabohnen (Kochuchang).

Chilischoten stammen ursprünglich aus Lateinamerika, gehören zur asiatischen Küche wie Fischsauce und eine Schale Reis. Je kleiner die Schote, gleich ob rot, grün oder orangegelb, desto schärfer ist sie. Die unverdaulichen Kerne sollten immer, die hellen Scheidewände können zusätzlich entfernt werden. Sehr Empfindliche tragen beim Verarbeiten Gummihandschuhe, alle anderen waschen sich danach gründlich die Hände, weil das ätherische Öl die Schleim-häute kräftig reizt. Rote Chillies gibt es auch getrocknet als Granulat oder Pulver.

Currypulver wird man in Indien kaum einmal fertig finden, es wird im Haushalt täglich frisch zubereitet (siehe auch Garam Masala): aus Kurkuma, Koriander, Kardamon, Muskat,

Zimt, Bockshornklee, Knoblauch und anderen Gewürzen. Auch bei uns gibt es Gewürzläden, die eigene Currymischungen anbieten.

Currypasten, in Rot, Grün und Gelb, sind recht scharf und in der thailändischen Küche beliebt. Wer sie zu Hause selber machen möchte, röstet jeweils 1 EL schwarze Pfefferkörner, Korianderkörner, Kreuzkümmelsamen und Garnelenpaste in 1 EL Öl an, dazu kommen 250 g Schalotten oder Zwie-beln, 10 bis 15 Knoblauchzehen, 6 Kaffir-Limettenblätter, 1 Bund Koriandergrün mit Stängeln, 6 cm Ingwer oder Galgant, 2 Stängel Zitronengras (nur den zarten unteren Teil nehmen), 10 bis 12 rote oder grüne Chilischoten. Alle Zutaten werden mit etwas Öl im Mixer püriert und mit Salz, Limettensaft und Paprikapulver (für die rote Paste) abgeschmeckt.

Fenchelsamen, ganz oder gemahlen, würzen asiatische Gemüse-, Fleisch- und Fischspeisen.

Fischflocken: Für würzige Brühen (Dashi und Niban Dashi) werden in Japan neben Tunfischflocken (Hanakatsuo) auch Blaufischflocken (Katsuobushi) und Bonitoflocken sowie Seetang (Kombu) verwendet, als Grundlage für verschiedene Suppen und zum Kochen von Reis und Gemüse.

Fischsauce siehe Saucen.

Galgant, eine Wurzel ähnlich Ingwerknollen, sollte nur frisch verwendet werden, ist im Geschmack aber weniger intensiv als diese. Galgant färbt intensiv, deshalb Hände und Kleidung schützen.

Garam Masala, die Gewürzmischung aus Kreuzkümmel, Ingwer, Muskat, Gewürz-nelken, Senf, Kardamon, Koriander, Pfeffer und Zimt, können Sie gemahlen kaufen oder auch selber mischen. Dafür werden die Körner und Samen kurz in Öl geröstet, bis sie duften, danach im Mörser zerrieben oder in der Pfeffermühle gemahlen. Mit Garam masala wird erst kurz vor Kochende gewürzt.

Garnelenpaste oder Shrimpspaste verfeinert zahlreiche Gerichte und sollte sparsam verwendet werden.

Getrocknete Garnelen werden in verschiedenen Größen, ganz und bereits ge-mahlen, verkauft; ganze werden eingeweicht, im Mörser zerrieben und gleich mitgekocht.

Ghee ist ein Butterfett, das unserem Butterschmalz sehr nahe kommt, zum Backen, Braten, Kochen und Frittieren. Für die buttrignussig schmeckende Ghee wird Butter langsam erhitzt. Wenn alle Molkeflocken auf dem Topfboden leicht geröstet sind, wird die

geklärte Butter vorsichtig in ein anderes Gefäß gegossen.

Ginseng, die bizarre Wurzel, ist selten, gedeiht sehr lang≠sam, ihr werden zahlreiche Heilkräfte nachgesagt. Sie kommt meist getrocknet in den Handel, so teuer wie Gold, und verfeinert Suppen, Fleisch- und Gemüsegerichte.

Ingwer würzt in Asien fast jede Speise und wird am besten frisch verwendet. Die dünne Haut sollte glatt, glänzend und ohne Runzeln sein. Ein Stück Ingwerknolle – zur Not auch von in Sirup eingelegten – wird geschält und meistens fein gehackt oder auch gerieben. Für Salate und Marinaden eignet sich milder Ingwersaft: frischen Ingwer klein hacken und durch ein Sieb oder ein Küchentuch drücken.

Kaffir-Limette: Manchmal wird die grüne Schale zum Würzen verwendet, vor allem die Blätter aber duften kräftig nach Limette und werden ganz mitgegart und später entfernt oder sehr klein geschnitten und mitgekocht und verzehrt.

Kardamom: Grüne oder braune Kapseln enthalten die würzigen Samen, die man geröstet oder ungeröstet im Mörser zerreibt. Kardamom ist auch als Pulver im Handel.

Kichererbsenmehl ist hell und wird in Indien zum Frittieren für Gemüse, für Desserts und Gebäck verwendet.

Knoblauch ist wie Ingwer unerlässlich in der asiatischen Küche, wird in Scheiben, Stifte oder Würfel geschnitten oder gehackt oder als ganze Zehen mitgekocht oder mitgebraten und später entfernt. Junge Knoblauchtriebe werden wie Schnittlauch verwendet.

Kochbananen, die grünen, stärkehaltigen Früchte können nicht roh verzehrt werden, sondern müssen geschält, in Scheiben geschnitten und meistens in reichlich Öl gebraten werden, bis sie weich sind.

Kokosmilch gibt es sowohl dünn als auch cremig, so hauptsächlich für Desserts, als Kokos-Milchpulver sowie als feste Kokospaste, von der nach Bedarf ein Stück abgeschnitten und mitgekocht wird.

Kokosnuss bekommen Sie frisch das ganze Jahr über, sollten Sie aber so schnell wie möglich verarbeiten. Vor dem Kauf lässt sich durch Schütteln herausfinden, ob die Nuss Kokoswasser enthält: gut zum Kochen, aber auch für Drinks. Zum Öffnen mehrmals mit einem Hammer auf die Nahtstelle schlagen.

Kombu siehe Seetang

Koriander, das frische Grün ist die Petersilie Asiens, schmeckt aber völlig anders als unsere krause oder glatte Petersilie. Das Grün wird grob gezupft oder gehackt für

Füllungen verwendet. Korianderkörner – besonders gut nach kurzem Braten in etwas Öl, dann im Mörser zerrieben – und Korianderpulver sind beliebte Würzmittel, die häufig teelöffelweise verwendet werden.

Kreuzkümmel: Die Samen – helle mild, dunkle kräftiger und nicht verwandt mit dem bei uns gebräuchlichen Kümmel – werden mitgekocht oder mitgebraten. Sie sind Bestandteil von Garam Masala und von Currypulvern.

Kurkuma, Gelbwurz, ein begehrtes Würzmittel als Pulver oder ganz, von zurückhaltendem Geschmack, färbt appetitlich gelb anstatt des kostspieligen Safrans.

Litschi ist eine wohlschmeckende, fast durchscheinende Frucht mit dünner, aber grober Schale, die man leicht öffnen kann. Die Falsche Litschi, Rambutan, mit der „haarigen" rotbraunen Schale schmeckt ähnlich. Die Kerne beider Früchte sind ungenießbar.

Mango mit ihrem unvergleichlichen Geschmack zählt wie Ananas und Banane zu den wichtigsten Früchten Asiens: groß und grün zum Kochen und für Chutneys und kleiner zum Rohessen. Am besten am recht großen Kern rechts und links entlang oder das Fruchtfleisch in Spalten vom Kern schneiden. Danach wird die Mango geschält.

Minze ist beliebtes Gewürz in Asien, die vietnamesische Minze ist aber nicht mit unserer Pfefferminze verwandt.

Miso: braune, rötliche oder helle Paste aus fermentierten Sojabohnen und Getreide wie Reis oder Gerste und Meersalz, muss monate- bis jahrelang reifen. Miso wird sparsam erst zum Schluss mit dem fertigen Gericht gemischt und noch einmal erhitzt.

Muskatblüte (Macis): eigentlich getrockneter Samenmantel der Muskatnuss, schmeckt feiner als geriebene Muskatnuss.

Nori-Blätter siehe Seetang

Nudeln kommen wie Reis in Asien täglich auf den Tisch. Gleich welche der unterschiedlichen Sorten – Eiernudeln, Weizennudeln ohne Ei, Glasnudeln aus Mungbohnenmehl, Reisnudeln aus Reismehl, Wasser und Weizenstärke als Reis-Fadennudeln, -Bandnudeln oder -Vermicelli, Singapur- oder Hokkien-Nudeln aus Weizenmehl und bereits gekocht – entweder müssen sie nach Packungsaufschrift gekocht oder in heißes Wasser gelegt oder noch mit den anderen gekochten Zutaten erhitzt werden.

Öl: Besonders zum Braten und Frittieren im Wok ist das hoch erhitzbare Erdnussöl oder Maiskeimöl geeignet. Beliebt ist Sesamöl: das dunkle, intensive aus geröstetem, das

helle, mildere aus ungeröstetem Sesam.

Paksoi, Blätterkohl in kleinen Stauden oder so genannter Shanghai-Kohl, kann durch Mangold ersetzt werden.

Palmzucker siehe Zucker

Papaya wird grün und unreif geraspelt und klein geschnitten für Salate verwendet, reif roh und als Dessert.

Pilze verleihen getrocknet allen Gerichten einen außergewöhnlichen Geschmack, ob nun Shiitake, Tongku, Mu-Err, Holzohren oder Wolkenohren in Schwarz und Weiß. Alle werden in warmem Wasser 20 bis 30 Minuten eingeweicht, evtl. unter kaltem Wasser abgespült und ganz oder klein geschnitten weiterverwendet: Shiitake stets ohne Stiele. Reisstrohpilze sowie chinesische Stockschwämmchen werden selten frisch, häufiger in Glas oder Dose angeboten.

Reis ist das Grundnahrungsmittel Nummer eins in Asien und wird in einer Vielzahl von Sorten angeboten: Feinster Basmatireis aus dem Norden Indiens und Jasminreis aus Thailand duften beim Kochen herrlich. Kleb- oder Glutinreis besitzt hohen Kleberanteil, muss mindestens einige Stunden oder besser über Nacht in kaltem Wasser eingeweicht werden und eignet sich für Süßspeisen, Desserts und Füllungen. Langkornreis und Rundkornreis sind besonders weit verbreitet. Für Sushi gibt es einen speziellen Reis.
Reis wird immer gründlich gewaschen, so lange, bis das Wasser klar abläuft, oder in einer Schüssel mit kaltem Wasser so lange mit den Handflächen bearbeitet, bis das Wasser klar ist.

Reisessig: hell und mild, dunkel und kräftig oder rot und süß zum Würzen und für verschiedene Dips lässt sich allenfalls durch milden Apfelessig ersetzen.

Reismehl dickt die leichten und durchscheinenden asiatischen Saucen, Marinaden und Suppen leicht an, damit sie Gemüse, Fleisch und Fisch schützend umhüllen. Ausbackteig mit Reismehl wird besonders kross. Klebreismehl dient für Desserts oder Pasteten.

Reispapierhüllen aus Reismehl und Wasser werden am besten zwischen sehr feuchten Küchentüchern eingeweicht, bis sie biegsam sind, danach gefüllt, aufgerollt, einige Minuten gedämpft oder in heißem Fett knusprig gebraten.

Reiswein: der japanische Mirin ist ein lieblicher Kochwein – Ersatz: Wermut oder süßer Sherry; Sake dagegen wird getrunken, und zwar angewärmt. Chinesischer Reiswein (Shaoxing) schmeckt vollmundig, zum Kochen und zum Trinken – Ersatz: trockener Sherry.

Rosenwasser parfümiert – sparsam verwendet – Reisdesserts angenehm.

Safran, das teuerste Gewürz der Welt, besteht aus den Narbenfäden einer Krokusart, ist in Fäden und als Pulver im Handel, färbt Reis, Nudeln und Suppen appetitlich gelb; Ersatz: das preiswerte Kurkumapulver.

Sago, aus der so genannten Sagopalme gewonnen, wird hauptsächlich für Desserts verwendet und so lange gekocht, bis die kleinen Körnchen durchscheinend sind.

Sambal Oelek, die sehr scharfe, leicht säuerliche rote Sauce aus Chillies aus Indonesien, wird sehr sparsam verwendet.

Saucen liebt man fast überall in Asien zum Dippen: süßsaure Chilisaucen mit und ohne Ingwer, Zitronensauce, scharfe Bohnensaucen, süße Bohnensauce zur Peking-Ente, süß-scharfe Hoisinsauce aus China sowie die verschiedenen, unterschiedlich salzigen Sojasaucen aus China, Thailand, Indonesien und Japan, zum Beispiel Shoyu-Sojasauce, in besserer Qualität Tamari. Daneben gibt es noch eine dickflüssige süßliche Sojasauce, die stets sparsam verwendet werden soll.

Austernsauce aus Austernextrakt und verschiedenen Gewürzen eignet sich zum Würzen warmer Speisen und für Dips.
Fast überall in Asien wird mit Fischsauce aus fermentierten Fischen und Garnelen gewürzt.

Seetang, getrocknete Algen sind vielfach einsetzbar: in Form der schwarzen Nori-Blätter für Sushi unverzichtbar. Nori wird am besten über einer Flamme kurz geröstet, bis es grünlich schimmert. Es sind aber auch geröstete Nori-Blätter im Handel.

Kombu, mit einem feuchten Tuch abgerieben und kurz in Wasser gekocht, meistens zusammen mit Fischflocken, bildet die Grundlage für die japanische Dashi, die traditionelle Brühe, die für Suppen, Reis und Nudeln verwendet wird. Eine schwächere Brühe, Niban Dashi, entsteht, wenn Kombu ein zweites Mal in Wasser mit Fischflocken gekocht wird, sie wird zum Gemüsekochen gebraucht.

Sesam: Ist geschält sehr hell und wird meist ungeröstet über die fertigen Speisen gestreut. Ungeschälter Sesam sollte geröstet werden – ohne Fett in Pfanne oder Wok – und kann mit Meersalz im Mörser zu einer köstlichen Würzpaste (Tahin) verarbeitet werden.

Sichuanpfeffer, kein echter Pfeffer, sondern besteht aus getrockneten Beeren eines asiatischen Strauchs (in China: Blütenpfeffer). Verwendung wie bei weißem oder schwarzem Pfeffer: mit einer Mühle frisch gemahlen oder im Mörser mehr oder weniger fein zerrieben. Besonders aromareich wird Sichuanpfeffer, wenn er im Wok in wenig Öl kurz gebraten und abgekühlt frisch gemahlen wird.

Spargelbohnen von fast 1 m Länge werden klein geschnitten und ebenso gekocht wie grüne Bohnen, sind aber nicht mit ihnen verwandt.

Sprossen: Häufig wird von Soja(bohnen)-sprossen gesprochen, obwohl Mung(o)bohnensprossen, die Keimlinge der grünen Mung(o)bohne, gemeint sind. Sojasprossen sind die Keimlinge der gelbe Sojabohne. Die Sprossen werden bei uns sowohl frisch (sie riechen angenehm) als auch in Dosen angeboten. Diese Sprossen lassen sich auch leicht zu Hause in Keimgeräten ziehen.

Sternanis, die Frucht eines immergrünen Baumes, duftet gut, schmeckt würzig scharf, kräftiger als Anis und sieht auch hübsch aus; komplett mitgaren oder die glänzenden Samenkörner herauslösen und ganz oder zerstoßen weiterverarbeiten.

Tamarindenmark, die säuerlich-pikante Würzpaste, wird mit etwas Wasser oder Brühe glatt gerührt, dann durch ein Sieb gestrichen, um die Kerne zu entfernen. Es gibt auch kernloses Tamarindenmark sowie eine küchenfertige Tamarindensauce.

Thai-Basilikum mit gezackten Blättern und rotem Stiel schmeckt ähnlich Anis. Das heilige Basilikum mit violetten Blättern schmeckt leicht nach Gewürznelken, Zitronenbasilikum mit kleinen grünen Blättern duftet nach Zitronen.

Tofu, die weiße, feste Masse aus fermentierten Sojabohnen, ist seit Jahrtausenden in China und Japan als gesundes, eiweißreiches Nahrungsmittel bekannt: geschmacksneutral, hervorragend zu würzen, zum Kochen, Braten und Frittieren. Weicher Tofu (Seidentofu) eignet sich für Suppen, Süßspeisen, Cremes und Salatsaucen, festen Tofu gibt es auch geräuchert und mariniert.

Umeboshi, die aprikosenähnliche Umeboshi-Pflaume aus Japan, wird mit Enzymen und Meersalz viele Monate eingelegt und würzt zahlreiche Gerichte. Es gibt eine Würzsauce aus Umeboshi-Pflaumen.

Wasabi, sehr scharfer grüner Meerrettich und unverzichtbare Zutat zu Sushi, wird als Pulver mit wenig Wasser glatt gerührt und gibt es bereits küchenfertig.

Wasserkastanien, weiße feste Knollen mit nussigem Aroma, werden bei uns fast nur in Dosen angeboten: klein geschnitten in Suppen oder für Pfannengerührtes verwendet.

Won-Tan-Hüllen, kleine Teigplatten aus Mehl und Ei, zum Füllen mit Gemüse, Fleisch oder Fisch und Frittieren, Dämpfen, Kochen, gibt es frisch oder tiefgefroren. Nachdem die Packung geöffnet ist, sollten die Teigplatten mit einem feuchten Tuch abgedeckt werden, damit sie nicht austrocknen.

Zimt, die dünne – oder auch dickere – Rinde des Zimtlorbeerbaums, die sich beidseitig zusammenrollt, wird mitgekocht und später entfernt. Der feinste Zimt stammt aus Ceylon (Sri Lanka).

Zitronengras: Schilfähnliche Grashalme, von denen nur der zarte, untere Teil ohne äußere harte Schicht verwendet wird, schmecken und riechen kräftig nach Zitronen; guter Ersatz: Zitronenschale.

Zucker: Gesüßt wird mit Palmzucker, gepresstem Rohrzucker oder flüssigem Malzzucker; guter Ersatz: brauner Zucker oder Honig.

Bezugsquellen

Asiatische Gewürze, Saucen, Pasten, getrocknetes Gemüse und getrocknete Früchte, Öl, Woks, Dämpfkörbe u. a. m. finden Sie bei den nachfolgend aufgeführten Adressen oder lassen Sie sich ins Haus liefern.

Alfred Ewert
Köstlichkeiten aus aller Welt
Weender Straße 84
37073 Göttingen
Tel: 05 51/ 5 70 20, Fax 5 60 91

Kräuterparadies Lindig
Blumenstraße 15
80331 München
Tel: 0 89/ 27 57 26
www.phytofit.de

Viola's
Gewürze und Delikatessen
Eppendorfer Baum 43
20249 Hamburg
Tel: 0 40/ 46 07 26 76
www.viola's.de

Eine Dependance gibt's in der
Frankfurter Kleinmarkthalle.
Abakus Handelsgesellschaft
Nordermarkt 4
24937 Flensburg
Tel.: 04 61/ 2 17 64 Fax 18 16 06
E-Mail: info@maimai.de
www.maimai.de

Mabuhay Asienshop
Poltnerstraße 26
82362 Weilheim
Tel.: 08 81/ 31 45
Fax 4 17 81 57
E-Mail: beth@liberty-ernst.com
www.mabuhay-asienshop.de

Shopping im Internet:
www.asia-laden.de
www.asianbrand.de
www.asia-supermarkt.de
E-Mail: info@asia-supermarkt.de
www.berief-feinkost.de
www.chinatown.de
www.divodo.com
E-Mail: info@divodo.com
www.hulka.de
www.otsumani-land.com
www.sanuk-asia.de
www.surabi.de
www.wok-online.de

DIE REZEPTE
NACH LÄNDERN

Die Rezepte alphabetisch mit Originalnamen

Soweit in den Rezepten nichts anderes vermerkt ist, sind die Zutaten für 4 Personen berechnet.

Bildquellen und Zubehör
Imprerssum

Karte auf S. 4/5 Jana Seta, Riga

Bilderberg: C. Boisvieux 12, 13, 14/15, 37, 38, 40, 41; Jürgen Freund 25; Tomasz Gudzowaty 24, 26/27; H. Kirchgessner 34; Jerzy Modrak 33; Tino Soriano 32

Focus: Geoffrey Clifford 38/39; Greg Girard/Contact Press Image 35; R & S Michaud 2

Rita Henss: 7, 28, 29, 30, 31, 46, 47, 48, 49

Sigloch Edition/Bildarchiv: Achim Sperber 8, 9, 10, 11, 16, 17, 18, 19, 20, 21, 23, 42, 43, 44, 45, 54, 55, 56, 57;

Knauss 50, 51, 52, 53;

Feiler Fotostudio, Karlsruhe 58/59, 70/71, 82/83, 94,95, 106, 107, 118/119, 130/131, 144/145, 162/163 sowie alle ungeraden Seiten von 61 bis 183

Folgende Unternehmen stellten für diesen Band Muster zur Verfügung

(Seite = Rezeptfoto):

ASA Selection 113, 123, 133, 153 o., 159 • Fürstenberg Porzellanmanufaktur 65

Graf von Henneberg Porzellan: 101, 129, 141 • Joyce Chen 69 o. re., 117 Mitte re.

Lambert 87 o., 89 o., 139 • Rosenthal 91, 179

Seltmann Weiden 125 u., 149 u. re. • Villeroy & Boch 105, 111, 155, 169

Waechtersbacher Keramik 79, 93, 97, 125 o. • Gläser: Schott Zwiesel 155, 157

Besteck: Ilcar di Bugatti 167, 173, 181 • Stoffe: Izmir Dänemark 167, 171 u., 175, 179, 181

Alles andere: privat

© Sigloch Edition, Am Buchberg 8, 74572 Blaufelden

Internet: http://www.sigloch.de

Nachdruck verboten. Alle Rechte vorbehalten. Printed in Germany

Redaktionelle Bearbeitung: Friedhelm Messow, Kupferzell

Reproduktion: Otterbach Digital World, Rastatt

Satz und Layout: Peter Hensel, P.H.DESIGN, Lorch

Druck: Druckerei W. Kohlhammer, Stuttgart

Papier: 135 g/m² UPM Finesse 700 holzfrei glänzend

UPM-Kymnene Fine Paper GmbH

Bindearbeiten: Sigloch Buchbinderei, Blaufelden

ISBN 3-89393-211-9

REIHENWEISE
KULINARISCHE KÖSTLICHKEITEN

REIS

NUDELN

VITAMINE

SUPPEN & EINTÖPFE

AKTIV & VITAL

FRANKEN
Kulinarische Streifzüge

SCHWABEN
Kulinarische Streifzüge

SCHLESWIG-HOLSTEIN
Kulinarische Streifzüge

BAYERN
Kulinarische Streifzüge

MECKLENBURG
Kulinarische Streifzüge

SACHSEN
Kulinarische Streifzüge

THÜRINGEN
Kulinarische Streifzüge

BADEN
Kulinarische Streifzüge

BERLIN BRANDENBURG
Kulinarische Streifzüge

ODENWALD
Kulinarische Streifzüge

SCHWEIZ
Kulinarische Streifzüge

DEUTSCHLAND
Kulinarische Streifzüge

ÖSTERREICH
Kulinarische Streifzüge

EUROPA
Kulinarische Streifzüge

FRANKREICH
Kulinarische Streifzüge